法律站在你身邊

法律風險防身術

前法務部長 施茂林 著

徐谷楨・陳繁菲 採訪整理

Law
stand by you

序

做好法律風險控管，
　　　防患於未然

　　近來在演講、會議、登山、旅遊、公益活動⋯⋯等場合，常遇到不少讀者，他們說我在《經濟日報》上的法律專欄很好看，希望可以再繼續看到這類文章增加法律學識。有位讀者在大陸經商二年多了，也問起這件事，我告訴他，新作都放在部落格上，最近也放了一些兩岸相關資訊，供讀者自由點閱，他表示要台幹多參閱。

　　記得某個研討會上，有位非法律系的學生請教我一些問題，我就請他上網查詢我的文章，沒想到那位學生說早就看過我的部落格，但是還想進一步了解還有哪些計畫。有位老師告訴我，經由同事推介，他讀了我部落格上的文章，讓他了解如何處理與惡房客的糾紛。這表示部落格也發揮了功能，而讀者群也在擴增中。

　　2010年，我受邀到廣東名人講堂演說，現場有位教授找我就台灣的法律制度交流、互動，說起他之前來台灣時，有朋友推薦他買書，其中二本，正是我報紙專欄集結成的《法律做後

盾》與《法律簡單講》，讓他了解台灣法律的精要。他發現台灣的法律制度很完備，我的文章很容易看得懂，直說：「如果再出書，還會再買！」

其實，出版社也樂觀其成，希望在前兩本書的基礎上，再出版第三本，擴大服務讀者群。

社會變化快速，法律必須隨環境做必要的調整，像現在很多新興的經濟活動、事務與科技，都面臨法律的挑戰。所以對於正在發展中的、新的權利意識與法律的觀念，我也以文章說明，讓大家知道「明天過後」的法律思維，以及法律發展趨勢，能與時俱進。

從最早的辦案到擔任司法首長的長久工作中，讓我看見許多人對法律有所忽略，等到問題發生，才驚覺「歹誌」大條，想補救或善後卻已經無力回天。因此，我在UDN的作家部落格中，陸續談到個人在生活中遇到的法律問題，提醒大家對日常生活事務能有所防範，而不是無所警覺，等到造成損失再來找專家解決，可能已難補救。

有人說：「早知道，早幸福。」我深刻體會：如果能事先預測法律風險，做適度控管與防範，事情的發展也許會有不同的結局，所以法律風險防範與控管是一項重要的社會公益運

動，當我離開法務部後較有時間，一直思索如何推動全民法律風險管理概念。

近三年來，我嘗試在各種場合拋出這個議題，也在參訪大陸時提出我的理念，沒想到迴響熱烈，所以與幾名志同道合的學者專家共同成立「中華法律風險管理學會」，積極、熱情地推動這些理念與具體做法，希望讓大家面對法律議題時有助益。

有人說過：「法律不長眼，只保護懂法律的人。」這句話提醒我們：法律的內容是公正的，規範也是公平的，但是它的生命力與保障效果要靠大家去親近、活用，因此，我在書中特別提了許多時事案例，從中整理出社會的趨向，了解到民眾感到棘手的問題與困難，同時也把這些社會案例「加值」為更容易了解的範例，希望大家能學習保護自己。

例如各界討論的轟轟烈烈、沸沸揚揚的校園霸凌問題，其實在議題浮上檯面時，各位讀者早在我的部落格看到有關校園霸凌的新文章，其中提到教師如何管教學生，以及如何減少霸凌發生率。有讀者看過許多校園霸凌的新聞與專文後，稱讚我的文章寫得十分清楚完整又容易懂。

台灣的上市櫃公司家數相當多，企業也開始透過併購行為

而邁向大型化與集中化，形成新的投資模式，小股東因而常被邊緣化，而經營者的心態與做法，往往影響到股東的權益。其實投資都有法律規定，不容有不法行為。所以我談了很多商場上的經營戰術，在經營手法、資金調度、財務運用等方面都有所著墨，讓大家遵守遊戲規則，達到多贏局面。

這二年多來，司法問題受到各方重視，例如「恐龍法官」的問題，司法改革變成全民共識，而什麼是全民期待的司法，司法又如何提升效能，以符合全民期待，書中也以相當篇幅闡述相關議題，提出司法人應有的態度與觀念，讓司法改革的圖像更加鮮明。

有讀者向我提到部分法律關係沒有完全說明清楚，這也是我的困擾，原因是法學浩瀚，法律萬千條，要用有限的文字闡述複雜的法律規範，相當不易，因此，本書收錄文章中，讀者可能會覺得似曾相識，以前已介紹過這個議題，這就是再延續前面二本書的法律觀念，有些有補充關係，部分是小重複或重疊論述，有的則是延續話題，或者是延伸介紹，希望讓大家有比較完整的觀念。

各篇文章後，附有法律基地與法學櫥窗。前者是將文章中相關的法律條文列出，以利參讀對照；後者是將文章中有關的

法學名詞，做扼要説明，讓閱讀的人對關聯性觀念充分認識，或用反差手法，將相異名詞提列闡發以供比對；或將新發展議題，以另一角度摘述，便於觀念的整合。

這本書的出版，時間距離上一本書已經三年，發生了很多令人印象深刻的社會大事件，例如全球金融海嘯、大陸三聚氰胺事件、台灣八八風災、冰島火山爆發影響飛航安全、核能安全事件、性侵害、校園霸凌事件，以及塑化劑事件……，讓大家懍於天災人禍之不可預期與預料，風險無所不在，體會出這真是個風險社會。

「未雨綢繆」、「防微杜漸」是大家耳熟能詳的話語，提醒大家要能防患於未然，運用到風險社會中，更是名言。由於各類風險如成本風險、營運風險、市場風險、人事風險、財務風險等，最後常以法律風險出現其結果，因此法律風險常居關鍵地位，本書各文章恰是提供防範、控管法律風險的良方，願有助於讀者做好法律風險評量、迴避與防控的對應。

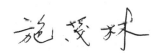

目次

| 序 | 做好法律風險控管，防患於未然　2 |

第一部　法律風險

1　一頭牛剝幾層皮？法律責任殺很大　12

2　財產寄人名下，問題一籮筐　16

3　天掉禮物別接，路邊野花別採　22

4　對動物下毒手，等吃牢飯　27

5　變相捐贈，法律風險多　32

6　民眾送好意，民代冒風險　36

7　台灣人變大陸客，回國規矩多　41

8　大陸投資，正視法律風險　46

9　認識大陸法則，減少經商困擾　50

10　別人自殺參一腳，罪大條　54

第二部　家庭校園

11　印章存摺分開放，避免小偷偷到爽　60

12　醫療契約，掛號就生效　65

13　真心換絕情，法律來相挺　70

14　被害不是衰，自己沒風險意識　75

15　犯罪成本高，偷兒知難而退　80

16　受害關鍵時刻，掌握保命大法　84

17　校園霸凌好對象，小個兒當自強　88

18　電影爆紅，校園染黑　93

19　老師罰學生，問題多多　97

contents

第三部 │ 權益保全

20 │ 買賣講誠信，保護消費者　104

21 │ 靈異屋不要來，契約寫明白　107

22 │ 出租房子沒書面，請神容易送神難　112

23 │ 房東房客過招，各有所本　117

24 │ 休閒旅遊沒有法律假期　122

25 │ 看清商品標示，用的吃的才安心　126

26 │ 商標爭訟，親兄弟明算帳　132

27 │ 公開資訊VS.個資保護，兩全其美　135

28 │ 談賠償，過失相抵好技巧　140

第四部 │ 工商經營

29 │ 做好徵信，資本額何必設限　146

30 │ 調度公司資金，記得有法律規範　150

31 │ 公司治理，企業經營趨勢　154

32 │ 股東董事鬧翻，法律保平安　158

33 │ 肥貓眾人嫌，報酬合理化　164

34 │ 董監事酬勞玄機多，防止巧立名目　168

35 │ 董事會開會，魔鬼都在細節裡　173

36 │ 「背信」金鐘罩，企業主難脫逃　178

37 │ 經營者法律責任，找到擋箭牌　183

第五部 科技應用

38　科技好方便，效果兩面現　190

39　高明科技，把不法事揪出來　195

40　網路暱稱有人格，虛擬世界也犯罪　200

41　電子商務發展，嚴防資安問題　205

42　慧眼識「無形資產」，實質利益大　210

43　科技法律戰，精采訴訟戲　216

44　智慧變財產，企業競爭法寶　221

45　手機簡訊，透露法律痕跡　227

第六部 司法事務

46　司法為民，全民司改　234

47　柔性司法，落實弱勢保護　239

48　提升訴訟效能，增強司法信賴度　244

49　司法新人力，疏解訟案大塞車　250

50　搞懂「眉角」，求償不必打官司　255

51　沒錢打官司，救助管道多　260

52　自助打官司，妙招大公開　264

53　一起偷東西，獨樂樂不如眾樂樂？　270

54　犯罪故事，無奇不有　274

55　馬路怎樣走，交通規則說分明　280

56　車禍責任誰來扛？過失判定是關鍵　283

contents

第 一 部

法律風險

1 一頭牛剝幾層皮？法律責任殺很大

2 財產寄人名下，問題一籮筐

3 天掉禮物別接，路邊野花別採

4 對動物下毒手，等吃牢飯

5 變相捐贈，法律風險多

6 民眾送好意，民代冒風險

7 台灣人變大陸客，回國規矩多

8 大陸投資，正視法律風險

9 認識大陸法則，減少經商困擾

10 別人自殺參一腳，罪大條

一頭牛剝幾層皮？
法律責任殺很大

1

　　一般人以為做了不被法律許可的行為，只會被處罰一次，或接受一種刑責，不過法律上可沒有這麼簡單，單一犯罪行為可能衍生多種法律責任，常弄得「勾勾纏」，沒完沒了。

　　典型的例子：有民眾酒駕撞傷人，被判坐牢之餘，發現居然還得賠錢，而且吊銷駕照；有一位家長因兒子酒後駕車撞死人，怕兒子坐牢，趕緊與死者家屬和解，得到家屬諒解，法官便准予緩刑，家長鬆一口氣，沒料到一個月後，接到監理所通知將永久吊銷駕照，才知事態如此嚴重，大喊簡直「一頭牛剝好幾層皮！」

　　類似的案例還有：小偷被逮捕後，他心裡盤算服完刑就可以一了百了；逃漏稅的老闆被判緩刑，認為壞運去，好運來，往後都可以諸事順遂；無權占有土地的人，也覺得只要坐個牢就可以重新迎接美好人生；但是，事與願違，他們不是被要求賠償竊盜

損失，就是被稅捐單位課稅與罰鍰，再不然就是房子被人拆除。這些當事人都很想問：「已判罪，為何還要罰錢？」或是「已坐牢，何以還拆房屋？」

民事、刑事和行政三層責任

這是因為法律責任包括民事、刑事和行政三層責任，有時候一個行為要為二種到三種法律責任負責；用口語一點的方式講，有時候只剝你一層皮，有時候是二層皮，有時候多達三層皮。

例如，仿冒他人商標被查到，法院依違反商標法，判處徒刑五個月，對方提起民事訴訟要求賠償500萬元，海關也禁止仿冒品出口，計算下來，生產成本300萬元全部泡湯，可見三層皮剝下來，可以傾家蕩產，大家千萬不要輕忽。

竊盜犯也同時要負民事和刑事責任；逃漏稅捐者有刑事和行政責任；生產或販賣不潔食品的廠商有民事和行政責任；而車禍、占地建屋、性侵害、帳冊不實以及公務員貪瀆等，則可追究多達三種法律責任。

只不過，一般人通常只會主張一種法律責任，例如被偷、被罵，只會去控告竊盜或公然侮辱，很少會去請求賠償，若能主張到二種法律責任，可說相當懂法律了。

也有單一法律責任的犯罪事實，像公務員失職、保險公司違反保險法，只有行政責任；契約不履行、侵害特留分，只有民事責任；誣告、偽證、賭博、聚眾不解散，則只有刑事責任。

對於公務員來說，法律責任很重，人民因公務員職務行為遭

受損害，可依侵權行為或國家賠償規定，請求民事賠償。現行刑法與貪汙治罪條例有關公務員犯罪行為不僅類型多樣，刑事責任更重，且有違法或失職更要接受申誡、記過、調職等行政處罰。

搞懂法律責任，自保不二法門

上面的案例提醒大家，當你的權益受到損害時，應馬上聯想到侵害你權利的人所做的違法情事，有幾種法律責任，可以主張請求、告訴的，絕不放棄；應考慮或依法請求賠償，或告訴司法機關偵查起訴判罪，或者申請主管機關給予行政處罰，做到除惡務盡。

至於想做壞事或違法的人，在行為之前不妨先三思，會有何種法律責任，處罰有多重，相信就會打消使壞的念頭，安分守己還是最好。

法學櫥窗　法律責任

法律具有強制性，對於規範的事項要求不得違反，如果違背，就是違法，就有法律責任。又因為法律可分為民事法律、刑事法律與行政法律三種，因之違反者，就有三種法律責任，分別是民事責任、刑事責任及行政責任。

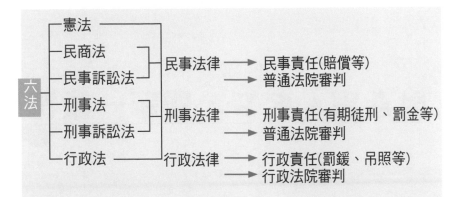

　　由於三種法律責任，各自獨立存在，一個行為如同時帶來二種或三種責任，也要各別負責完畢，而且全部履行，所有法律責任才「完了」。很多人誤會僅一種責任，其他的責任等同結束，大大錯誤，例如偷東西、坐完牢，還得賠償失主，又如頂樓違章建築被拆，還得賠償住戶損失。

法律基地

1.憲法第24條

2.民法第184條

3.民法第186條

4.刑法第1條

5.刑法第12～14條

6.刑法第32、33條

7.行政罰第1條

8.行政罰第7、8條

9.公務員懲戒法第1、2條

10.公務員懲戒法第9條

財產寄人名下，問題一籮筐

2

寄人籬下，表示依附他人生活、仰賴別人保護，多數情況淒慘、狀態不佳。同樣的，將財物寄人名下，也是問題多多、後果難料。

出家人遺產，應歸寺方還是歸親屬？

曾有寺廟住持將佛寺買進的土地，登記在四十多歲才出家的比丘尼名下，未料比丘尼突然生病去世，她的父母出面主張那塊土地是遺產，應由父母繼承，住持則堅決表示該名弟子並無資力購地，但當時未注意付款相關證據，加上這名比丘尼出家前，已有相當積蓄，以致雙方各有所本，形成一件財產糾紛的公案。

又有出家法師圓寂，方丈將法師的存款與房屋土地收歸寺方所有，提領存款入帳，將土地房屋出售公用，法師兒女出面索討這些遺產，但寺方表示信眾出家後屬寺廟的人，與俗事無關，這些存款、土地房屋都是寺方藉出家人名義存放登記，而且根據宗

教習俗，歷年來遺產都歸屬寺方，俗家父母子弟無法律權利可以繼承，不理會他們的請求，雙方鬧得不可開交。

出家人身後事，回歸民法規範

現行的寺廟管理法規，對於出家人的身後事以及遺產，並未明確規定，因此只能回歸民法規範，就與一般民眾一樣，由出家人的俗家親密家人——法定繼承人或親屬繼承，如子女、父母、兄弟姊妹等，並不因其出家而有所變動。

有人認為出家人遁入空門後，四大皆空，有關親情、經濟、家庭生活等都與俗家脫離關係，生活照應與生老病死全歸寺廟處理，財產也與寺廟發生關連，俗家已無權過問。不過這不是法律的規範，也無法用宗教習俗來改變民法的規定，因此，寺方對於出家人的遺產並無處分權限，也無法定繼承權，仍由俗家親人依子女、父母或兄弟姊妹等順序繼承。

生前立好遺囑，避免遺產糾紛

出家人對於身後所留遺產，不想留給俗家親人，可以在生前立下遺囑，聲明將遺產歸由寺院，不過要注意不能剝奪法定繼承人如子女、父母、配偶等人的特留分（民法第1223條）。

同理，擔任負責人的住持，更需預立遺囑，言明財產歸屬，或者生前在世當時先將寺院財產做完整的規畫處置，如過戶、提款、變更名義等。這些在其他宗教團體也適合預做處理，以免未

來發生遺產糾紛。

　　有人一定會好奇，那出家人如果結過婚，法律關係為何？如沒辦離婚手續，法律上還是合法夫妻。出家一方過世，如有遺產，他方配偶仍然可以與小孩一同繼承。當然，對於父母的遺產，出家人也跟俗家兄弟姊妹一樣有繼承權，出家人如不願繼承，可以拋棄繼承。

財產寄人名下，當心對方不認帳

　　當前有很多人借用別人名義將財產暫時過戶或登記在其名下，常常發生糾紛，原因是「人頭」本人可能不認帳，也可能過世之後他的子女不認帳。

　　以前就有商界名人借用友人名義買賣土地，突然過世，未留下具體證據，子女自國外回來追索無門；又有人囿於自耕農身分，將農林登記親戚名義，親戚欠債被查財產，打官司還敗訴。曾有甲和乙兩名同學集資合買土地，登記在兩人名下，沒料到甲趁土地漲價偷偷變賣，捲款逃到海外，被控侵占，但因所有權是登記在甲名下，甲有權處分，就算背叛同學，也不會構成侵占的法律爭議問題。

立契約辦公證，說清楚講明白

　　寄人名下法律風險多，盡量避免用這樣的方式處理財產，不然就是好好立契約，說清楚講明白，並辦理公證手續，而且最好

去地政事務所辦理抵押權登記、土地信託登記，或辦理預告登記等限制登記。

　　為防止出現名下擅自變賣財產，有人於辦理登記時，就將土地或房屋所有權狀原本扣留下來，自己保管，或要借名人去申辦印鑑證明，將該印鑑扣住，不過這些做法也要隨時注意，曾經發生借名人去申辦證件、印鑑遺失，重新辦理新的所有權狀或印鑑，順利偷賣掉土地房屋。

名字借人買車，小心惹禍上身

　　買車怕人知道，有人借用親友名義登記車主，那也要小心，首先是發生車禍時，因為由出錢的人開車，不是名義上的車主駕駛，保險公司會主張這是借用汽車出事故，拒絕賠償；對車主而言，如出錢的人開車撞到人而逃匿責任，車禍被害人可能要求賠償或控告過失傷害或過失致死刑事責任。在行政管理方面，還得注意違反交通規則時，要處罰名義上的車主，連欠稅欠罰款也得由他買單。

借名登記財產，衍生問題多

　　債務人欠債太多，為保留「實力」，往往將財產藏起來，最常見的情況是借用親友名義，將土地房屋暫時過戶親友名下，以為神不知鬼不覺，其實從登記源流上追查，脈絡分明，再查證是否確有交付金錢的事實，很輕易的就吃上偽造文書官司；在民事

上，債權人還可以撤銷這種假買賣與所有權移轉登記，換來一場空。

平常大家對稅捐問題不一定注意，對於借名登記財產就得小心了。父母如果借用未成年的子女購置財產，通常無法證明這是未成年子女自己出資金購買，就視為父母贈與（遺產及贈與稅法第5條第5款規定）；同樣的邏輯，借用他人名義買賣土地房屋，要注意是不是以相當的代價購置，否則也會被課徵贈與稅。

社會上常有人喜歡借用他人名義從事各種法律交易行為，容易產生許多問題，在做之前，萬萬要摸清法律規範，以保障自己的權益。

法學櫥窗

應繼分

遺產繼承人通常有好幾位，當共同繼承時，依照法定比例分得遺產，此例留即應繼分，例如A死亡，留有妻子、兒子、女兒，遺產由三分分配，各得三分之一，就是應繼分。

特留分

遺產為被繼承人生前累積財富，原得自由處分，民法為顧及繼承人的生活，特別規定法定繼承人有特留分，即繼承開始以後，需將遺產之一部分保留給繼承人，其數額為：子女、父母及生存配偶之特留分為應繼分的二分之一，兄弟姊妹及祖父母之特留分為三分之一。換言之，被繼承人對此部分沒有處理權。

限制登記

限制登記是向地政事務所登記限制登記名義人處分其土地權利，例如法院查封登記、債權人聲請假扣押、假處分登記、土地所有人破產時之破產登記，還有預告登記都是。

法律基地

1.民法第244條

2.民法第1138條

3.民法第1144條

4.民法第1189條

5.民法第1223條

6.土地法第78條

7.土地登記規則第136條

8.刑法第214、216條

9.刑法第335條

天掉禮物別接，
路邊野花別採

3

　　有名郵差上班途中撿到一袋鈔票，原本應該把信送完後再處理，但又擔心掉錢的人找不到錢會慌張，所以用最快的速度把東西送到警察局，警察問他怎麼如此拾金不昧，郵差氣喘吁吁的說：「太多錢，我會怕。」

　　也有一位拾荒的老婦撿到一個裝有110萬元現金的包包，覺得這不是一筆小錢，就把它交給警察。但她拾荒一個月才有萬把塊的收入，看到這筆要工作十年才有的現金，居然不會起心動念占為己有，讓人感佩。

　　還有一位老阿嬤撿到8,000多元，送到派出所，失主是一名女學生，想包1,000元紅包給老阿嬤，她堅持不收，女學生改送手上的六顆蘋果，她也不要，在派出所的警員好說歹說下，老阿嬤才決定把蘋果分給現場的人一起享用。

不過，前陣子電視新聞播出有一名法律系的學生撿到錢，乖乖送到派出所，但希望有人認領時給她比例報酬，其實這是合情合理的事，但是民眾一般觀感不佳，因此飽受批評，學生才又說明她的原意是想把錢捐出去。

拾金不昧可否獲得報酬？

多年前，也有一位先生撿到一張500萬元支票，送到警察局，等失主來領時，要求依法給三成報酬，共155萬元，失主當然不肯，回說：已經去申報遺失，等於一張廢紙，憑什麼給報酬？雙方話不投機，失主就告上法院，要求法院判失主給付，鬧得滿城風雨。

就法律的規定，拾金不昧的人確實可以有回報；如果知道錢是誰的，應該通知對方，或報告警察、自治團體、縣市政府等，六個月內有人認領，可以就30%以內請求報酬；如果超過六個月，撿到錢的人可以進一步取得所有權（民法第803條到807條）。

員工有失物保管義務，不得要求報酬

不過，如果撿到東西的人是公共場所的負責人或員工，例如公車司機撿到乘客的行李、購物中心服務人員撿到消費者的皮包等，則有廣泛保管的義務，而且把東西還給原主人時，也不能要求報酬。某一交通單位，曾有意將撿到的東西交給拾獲員工，被

指正於法不合。

撿到東西平分，構成侵占及贓物罪

曾有一位國小老師來聽我的演講時，得意地跟我提起一件事，說他在校園裡看到甲、乙兩名學生吵架動粗，於是上前了解，原來是甲看到路上有二套電視遊戲軟體，撿起來後剛好碰到乙，乙就要求一人分一套，沒想到甲學生不肯，乙學生很生氣。老師勸和，為求公平起見，提議甲交一套軟體給乙，圓滿解決。

但我告訴他：「你這樣處理問題可大了！」因為學生撿到別人的物品而占為己有，構成侵占罪；如果甲學生真的交一套軟體給乙，可能涉嫌贓物罪；老師本人的處理方式也有教唆犯罪的問題。

其實校園內學生撿到遺失物的情形很常見，以前法律規定只能報告警察、送到派出所或縣市政府、鄉鎮公所，現在改了，在學校或公共場合撿到東西，只要把它交給校方、場所主人處理就可以。

以為撿到東西，其實是偷東西

有人以為撿到東西，其實是偷了東西。有外勞看見工廠外頭有一輛停放已久的機車，以為是人家丟棄的機車，便牽來代步；也有年輕人看到路邊已毀損的肇事跑車，就動手拿走車內的音響……，這些情況只是車子的主人一時沒空處理，並不是不要

車了，所以以為「撿到、賺到」的人，往往以「竊盜」被起訴。撿到支票就去兌現的人，是偽造文書；撿到存摺和印章，就冒充別人去領錢，就是盜領、詐欺。套句話說，「路邊的野花不要採」，頗有道理。

更可怕的是，撿到一把槍，以為天不知地不知，拿來防身，事實上除了構成侵占，還犯了「持有槍彈罪」（槍砲彈藥管制條例第7條到第14條）。撿到毒品也一樣，包括海洛因、嗎啡、古柯鹼、大麻、安非他命等等，光是放在自己的口袋或家裡就有罪。

「天上掉下來的禮物」，很多人以為拿了沒關係，又不偷、不搶、不騙，但要注意，牢記拾金不昧的精神，以免惹法上身，自找麻煩。

法學櫥窗 侵占遺失物

　　一般人大都了解，把別人交給自己幫忙保管的物品，變成自己的東西，會成立侵占罪，但較少人知道，把偶然機會下撿到的物品留在身邊，也會成立侵占罪。

　　刑法第337條規定，意圖為自己或第三人不法所有，而侵占遺失物、漂流物或其他離本人所持有之物，可處罰金，分析如下：

(1)遺失物：如洗手時拿下手錶，忘記戴回。

(2)漂流物：水上之遺失物或漂流他處之物品，如風災大雨後，山上流下下來的漂流木。

(3)離本人所持有之物：指非基於本人之意思，一時脫離本人掌握之物，如走私的雞鴨、被風吹走的衣物、大雨侵襲致養殖魚類流到河川之魚蝦、郵差送錯的包裹、埋藏地下的珠寶等。

1.民法第803～807之1條

2.刑法第337條

3.槍械彈藥管制條例第7～9、12～14條

4.毒品危害防制條例第5、11、14條

對動物下毒手，等吃牢飯

4

　　現代人養寵物逐漸成為一種時尚，有人愛寵物如子，當寵物
去世，心情如喪考妣。但是很不幸的，也有很多人對狗、貓並不
友善，甚至虐待牠們。

　　被網友稱為「殺貓魔」的知名學府博士生，因為虐殺三隻
貓咪，事證明確，被法官重判好幾個月徒刑，登上報紙頭條曝光
外，還留下犯罪紀錄前科。聽說他的手法很殘忍，包括將重傷的
貓咪丟入烘乾機，竟一派輕鬆地說是讓貓咪「坐雲霄飛車」，讓
女友嚇得趕緊與他分手。

　　其實，虐待動物的新聞不勝枚舉，包括變態挖兔眼、以橡皮
筋勒狗脖子、用橡皮筋綁住狼犬生殖器、用箭射穿水上天鵝、拔
光鳥羽毛、放冰塊迫使食蛇龜冬眠……；也有狗主人春節期間出
遊三天，把狗放在屋外淋雨三天，引起鄰居公憤的事例。

虐殺動物罪大條

有人覺得玩弄、虐待動物很好玩，認為動物是我的，我有所有權，如何對待是我的事，以為只要是自己養的動物就沒有關係，但是基於尊重生命和保護動物，《動物保護法》裡有非常明確的規範，飼主需年滿20歲，應提供食物、飲水、充足空間、醫療防治，並妥善照顧，免受驚嚇痛苦，不得騷擾、虐待、傷害、棄養、任意宰殺等等。虐待動物或惡意無故騷擾動物，甚至傷害動物，都可以處以罰鍰，最重可處新台幣50萬元；也不能隨意宰殺動物（食用、皮毛用，或飼養、或科學研究或危害人類等原因除外），否則五年內再度發生虐待、傷害動物到嚴重殘缺、死亡，或是宰殺動動的行為，刑事處分最重可判一年，併科100萬元罰金。

另外，養寵物的人如果沒有提供良好的生活環境，行政處分上最低可以罰5萬元；若是棄養，最重可以罰到15萬元。對於不盡責的主人，可以強制取消飼養權。有心養寵物的人應該研究一下相關法律的要求，經再三考慮再決定飼養，相信會養得更愉快。

寵物擾鄰，飼主受罰

不過，很多人自己心甘情願當狗奴、貓奴，但忽略了別人的觀感，尤其大家住在同一棟公寓裡，室友或鄰居不見得喜歡看見你的寵物，或聽到寵物發出的聲音，所以養寵物的人也要多注意身邊的人的感受，否則也可能觸法。

根據《公寓大廈管理條例》第16條規定，住戶不得妨害公共安寧、安全以及公共衛生；一般公寓也會訂定公約來管理住戶養寵物的行為。

有人養的寵物並非溫馴的小動物，而是毒蛇、鱷魚之類的危險動物，影響到鄰居的居住安全，像是讓牠們出入大廈公寓，或故意激怒動物對鄰居示威，依《社會秩序維護法》可以處拘留（三天以下）或罰鍰。曾經有人恐嚇鄰居：「你再囉嗦，我就放蛇到你家」，讓對方緊張萬分，趕緊去警局報案，控告他犯恐嚇罪。

如果發現別人養的動物製造噪音，可以報警或請環保局處理；發現有人虐待動物，也可以請警察幫忙。

另外，曾有路人被狗咬傷，要求狗主人賠償，但狗主人反駁說：「又不是我咬的，何來賠償？」然而在法律上，這就要負賠償責任（民法190條）。不管是你養的蛇咬傷人、或你的馬用腿踢傷人、愛貓的爪子抓傷臉，飼主都要負責賠償受傷者。

對於動物或寵物，每個人的觀感、思維不同，尤其同住一棟樓裡，盡量不要讓別人產生厭惡，或在忍無可忍下發生虐待的行為；與飼養動物者生活在一起的人，也應有雅量，設法溝通說明自己的最大容忍度，和平相處。

總結來說，養寵物事大，對於法律規範要有基本認識，更要愛護動物、尊重生命。

法學櫥窗 前科

「前科」不是法律上的名詞，它是社會上沿用已久的觀念，指的是被告有犯罪行為後，不管是經不起訴處分，或判決有罪、無罪、被警察局等機關登記的紀錄，甚至被告判處緩刑期滿，刑罰失其效力，仍被記錄以供參考。

警察刑事紀錄證明，可簡稱是刑事紀錄，它才是法定名詞，是指警察機關依司法或軍法機關判決確定，執行的刑事案件資料所做成的紀錄證明，它以書面登錄，明確記載有無刑事案件紀錄，根據警察刑事紀錄證明核發條例第六條規定，下列各款刑事案件紀錄，不予記載：

（1）合於少年事件處理法第83條之1第1項規定者。

（2）受緩刑之宣告，未經撤銷者。

（3）受拘役、罰金的宣告者。

（4）受免刑的判決者。

（5）更免除其刑的執行者。

（6）法律以廢除刑法者。

設有戶籍或有居留紀錄的人民，得檢具申請書、身分證明文件向警察局申請發給此項證明（又稱為良民證），警察局須在二個工作日內發給，但申請人如正通緝中或刑事判決正在或尚未執行，不予核發。

1.刑法第305條

2.刑法第354條

3.民法第190條

4.公寓大廈管理條例第16條

5.社會秩序維護法第70條

6.社會秩序維護法第79條

7.社會秩序維護法第88條

8.動物保護法第5～12條

9.動物保護法第19～21條

10.動物保護法第25～27條

11.動物保護法第30～33條

變相捐贈，法律風險多

5

　　人民團體法修正之後，要成立政黨並不困難，台灣因此出現很多黨，但有許多是幾乎沒人聽過的小黨，讓人好奇是否有人得了政治大頭病，還是真的有理想與理念要發揚？後來，爆發某黨出具不少捐贈證明，讓捐贈人報稅抵用的事件，大家才知道原來成立政黨還有這種功用。

巧立名目逃漏稅，得不償失

　　其實政府單位也發生過相同弊案。幾年前，北部某鄉公所涉嫌以該鄉綠美化工程名義，虛開7.5億元的捐贈函（證明），協助媒體大亨、科技新貴、富商名流和醫生逃稅，逃稅金額高達2.6億餘元，涉案被告超過150人，新聞鬧得很大。

　　無獨有偶，有外島的鄉公所接受全台地主捐贈1萬多筆的公設用地，而且提供捐贈證明，供人申報所得稅扣除之用。捐地如此多，這個鄉公所因此被稱為全台灣擁有土地最多的鄉公所，如

果每塊地都去勘查，大概要出差一個月才查得完。不過，鄉公所其實沒有獲利，每年還要為此付出幾百萬元的地價稅，既不能出售，又要管理土地，反而成為負擔。

中部也有一所國小接受捐贈1,280萬股未上市公司股票，聲稱市價1,000多萬元，後來其中兩家公司他遷不明，被查出是虛設行號，當國稅局追查開立不實發票時，就追到持股高達四分之一的這所學校來，學校未蒙其利，先受其害。

有家電腦公司把滯銷的電腦與軟體，贈送給學校及公益團體，說好金額，由學校、團體開具捐贈證明。後來有學生向家長反應電腦常常故障、軟體有問題，家長向校長質疑採購有弊端，校長喊冤說是受人捐贈，才被發現有鬼。

近年政風單位全台清查，查出形形色色的受贈物，包括鄉公所受贈納骨塔多達6,000多個塔位，結果不知如何處理；也有兩個案件是受贈價值各1,341萬及1,491萬元的醫療器材；還有數所學校受贈教學設備、教材或圖書，捐贈人聲稱價值達2,000萬到4,000多萬元。

假贈與真逃稅，要負刑責

法律上來看，《所得稅法》第47條規定，對於國防、勞軍以及政府的捐獻，不受限制，所以衍生各類巧立名目的捐贈方式。《文化藝術獎勵條例》第28條也規定，以具有文化資產價值文物、古蹟捐贈政府者，得依所得稅法列舉扣除，不受金額限制，

所以有單位贈與800多件文物，聲稱是從大陸來的藝術品；另有903件東亞少數民族的服飾，說是高價骨董，價值2億多元；但結果都是用來逃稅的居多。

這種藉捐贈而逃稅的行為，要負刑責。

首先，納稅義務人涉嫌用上述名目逃稅，違反稅捐稽徵法。其中，不少是以詐術逃稅，雖然是捐贈，但最後錢都回流到自己手中，比如前面提到的綠美化工程費用，實際上只有支付三成，其餘都回流到富商等人帳戶，不只逃稅，還涉嫌違反洗錢防制法。如果過程中行賄公務員，還會涉及刑法行賄罪。如果假捐贈的案子，是經由土地掮客仲介、甚至實際參與，該土地掮客跟納稅人同列共犯。至於公務員如涉案，則有圖利、偽造文書（出具不實證明）、幫助逃稅等罪；如果收了紅包，還會有收賄罪。

國稅局已經嚴加防範，例如規定納骨塔不能捐、債權也不行、未上市股票必須出售時才能申報、土地以實際支付的成本為限，這才逐漸走向現金捐贈為主。相關單位也正在檢討《文化藝術獎勵條例》的不合理規定；政府相關單位也全面清查，注意防範這類假捐贈、真逃稅的行為

另外，捐贈與政治性有關者，《政治獻金法》有諸多限制，例如：與政府機關採購有關的廠商、虧損的企業、外國公司等不得捐贈；無名氏捐款不得超過1萬元；也不得發行定期或不定期債募集獻金；超過10萬元現金捐贈需開立支票，否則會有刑事責任或行政罰。

節稅人人都想，花招也是人人會變，但政府已注意到「假贈與真逃稅」的現象，納稅人如果不照所得稅法等法律規範，不但捐出去的金額不被承認，還有犯罪問題，真是得不償失。

法律基地

1.所得稅法第47條

2.文化藝術獎勵條例第28條

3.稅捐稽徵法第41、43條

4.總統副總統選舉罷免法第37條

5.政治獻金法第6～8條

6.政治獻金法第13、14條

7.政治獻金法第25～30條

8.刑法第121、122條

9.刑法第131條

10.刑法第213、215、216條

11.洗錢防制法第2、11條

民眾送好意，民代冒風險

6

　　有縣議員接受民眾請託，原因是民眾申請一個建照，拖了很久還沒下來，希望他幫忙疏通一下。後來，建照果然很快就發下來。民眾送了12萬的紅包答謝，但縣議員不收，兩人把紅包推來推去。民眾就說：「要不然，選舉快到了，就當成助選費吧！」縣議員才勉強收下。

　　但是，後來有朋友提醒這位縣議員，這樣收紅包可能會有法律問題。

　　民意代表做服務時常會發生類似情況，不收紅包還會被民眾懷疑是不是錢包得太少，所以為了接受民眾的好意，常用「辦公室經費」、「車馬費」、「宴客費用」、「禮品費」、「公關費」、「文書處理費」、「行政費」等其他名目來收禮。尤其在2007年《政治獻金法》公布後，民代遇上這些情況就要特別注意。

政治獻金，對象、金額、用途均有限制

法律規定，政治獻金是指對從事競選活動或政治相關活動提供動產、不動產或經濟利益等，對象以政黨、政治團體、擬參選人為限（但不包括黨費、會費、志工服務），其他人不能藉政治獻金的名目收款。

其次，捐款的對象有限制，像有20%以上官股的民營企業、與政府有鉅額採購關係的廠商、已經發生虧損的企業、宗教團體、外資與中資、港資、澳資等，都不得捐政治獻金。

錢的數目也有限制，依個人和企業而有不同——每個人對同一擬參選人每年捐獻上限10萬元，企業則為100萬元；對不同參選人總額則是20萬元，企業則為200萬元；而捐給同一個政黨最多30萬，對不同黨則總額上限60萬。

政治獻金的用途，基本上不能拿來經商、營利，政黨使用方面，可用在跟人事、競選、選務等有關的費用；個人使用方面，主要跟競選活動支出（宣傳、交通、辦事處、集會）有關。

依規定，政治獻金還要開立專戶，設置帳簿，按日逐筆記載，也要委託會計師查核簽證，定時向監察院等受理單位申報。

捐款有上限，捐多不能抵多

現在國內的政黨林立，大黨、小黨不少，曾發生過政黨被檢舉幫助別人逃稅，其中有個人，也有公司，原因就是捐贈可以抵稅，所以會變成「假捐贈、真逃稅」。所以法律又規定，個人

每年政治獻金的抵稅總額不能超過20萬，企業不能超過50萬。所以，熱心政治的人要特別注意，捐多並不能抵多。

也曾看過有民代接受善心人士捐贈，都是「無名氏」的小額捐款，但是積少成多、聚沙成塔。為免巧立名目，所以法律也限制每位「無名氏」不能超過１萬元，超過10萬元，要用支票或匯款存證，而且收受這種匿名捐贈不得超過總額的三成。

《美國聯邦競選法》也規定，個人每年對州議員最多只能捐美金2,000元美金，如果是全國性政黨則提高為25,000元，而個人總捐贈金額最多也只有95,000元，捐多了也會處罰。

再看日本，政黨政治有多年的發展，被稱為形成「官界、財界、政界的鐵三角」，為防止弊端，依《政治資金規正法》，民眾每人不得捐超過2,000萬日圓，企業則依資本額多寡分別不得超過750萬、1,500萬和3,000萬三種上限。

違法收受獻金，構成犯罪行為

我國對於不守政治獻金相關規定的行為，原則上以行政罰為主，例外是刑事罰。例如，接受中資、外資和港資；違法收受獻金未依規定不返還；未設專戶而收受獻金者；以及，利用職權強迫他人捐贈等，都構成犯罪。

近年有一些司法案例，收錢的人被發現會把收受紅包的行為「避難」到政治獻金之中，以脫免刑責（因政治獻金法以行政處罰為主），但事實上，法官會覺得是遁詞，刑法上的受賄罪關鍵

在是否與職務有關、有無對價關係，如果兩個條件都成立的話，法官會依收賄罪論處，想「避法」也困難。

法學櫥窗 陽光法案

陽光法案有不同範圍，原本是指政府資訊的公開，滿足人民知的權利，現在逐步擴張其範圍，凡有關公職人員的行為應攤在陽光下接受公開檢驗的法律，就是陽光法案。

1993年制定《公職人員財產申報法》，是陽光法案的初始。後來陸續制頒《行政程序法》、《公職人員利益迴避法》、《政治獻金法》、《遊說法》、《政府資訊公開法》、《行政中立法》等均屬之。

有關政治獻金的規範，還有不少散見在《總統副總統選舉罷免法》、《公職人員選舉罷免法》、《公職人員財產申報法》、《公職人員利益迴避法》、《公職人員行政中立法》、《人民團體法》、《立法委員行為法》、《公民投票法》、《遊說法》等，目的在防止金權交易，杜絕公職人員貪腐舞弊情事發生。

法律基地

1. 政治獻金法第5～9條

2. 政治獻金法第10、11條

3. 政治獻金法第12條

4. 政治獻金法第13條

5. 政治獻金法第14條

6. 政治獻金法第15條

7. 政治獻金法第17～19條

8. 政治獻金法第25～29條

9. 刑法第121、122條

10. 刑法第131條

11. 貪汙治罪條例第4條第1項第5款、第5條第1項第3款、第6條第1項第4款及第5款

台灣人變大陸客，
回國規矩多

7

　　台商之子Ｋ被老爸派到自家的大陸工廠工作，但因為好吃懶做，沒多久就跑回台灣，老爸很生氣，要求Ｋ把媳婦一起帶去大陸，兩人在大陸取得戶籍。後來老爸突然得了重病，撒手人寰，留下一筆8,000萬元的遺產，但Ｋ長年未回台灣，竟成了大陸人，所以最多只能繼承新台幣200萬元遺產；又因媽媽拋棄繼承權，Ｋ唯一的弟弟獨得全部遺產，共7,800萬元。

　　但Ｋ要面臨的麻煩，還不止如此。

兩岸戶籍不能得兼，小心權益喪失

　　由於兩岸關係較為特別，政府特別制定《台灣地區與大陸地區人民關係條例》，其中規定，在大陸地區設有戶籍的人民或領用大陸地區護照者，成為大陸地區人民，喪失台灣的身分資格。

如果嚴格執行起來，為一時方便取得大陸戶籍，將來想進出台灣，需依大陸地區人民身分辦理，不論探親、訪問、參訪、觀光等，都要向主管機關申請許可才可入境（第2條第4款及第9條之1），已無法自由進出國門。

同時，喪失台灣地區人民身分後，也不得擔任軍職、從事公職，也不能在台灣地區行使選舉、罷免、創制、複決等政治權利；每次選舉時，只能對某人某黨熱情相挺，無法投票，可見影響深遠。

陸人來台工作，需申請許可

大家都知道，大陸人在台灣地區不能隨意工作，需經許可才能受僱，期間也不能超過一年，也不得轉換雇主及工作，否則可以撤銷或廢止許可。現在有許多商店、餐廳的服務員，光聽他們的口音就知是大陸人，有的是合法居留可以工作的，但有些並未申請許可，老闆可能不知這種違法僱用行為構成犯罪，已有多起類似案件發生。所以，要僱用大陸人事需要探知底細，以免受罰。

前例這位台商之子在大陸生活不習慣，想回台灣定居，也是一件麻煩事，需照依親（母親）方式申請，還要受名額限制，所以身分轉換後，有許多不便，連在台灣投資理財、技術合作，皆受到限制，如果想回台接手老爸的事業，也要依照規定才行。

想去大陸定居，先弄清楚法令

有些軍公教人員退休後，想去大陸地區長期居住，法令也有規範——如果是領各種月退俸、退職、退伍給付的人，需向主管機關申請改領一次退休金；而在大陸設籍或領大陸護照，需停止領取給予的權利。又支領月退俸等給與的軍公教人員，在支領期間死亡，而在台灣地區等無遺族等，大陸遺族得在五年內經許可進入台灣地區申領死亡給付，不得請領年或月撫卹金，而且不得超過200萬元。想去大陸定居前要將法令弄清楚。

有位大陸姑娘嫁到台灣以後，每次先生要求行房，都索取高價，旁人不解他先生為何乖乖付錢，先生又不便明講，原來這是一對假結婚的假夫妻，因使用不正當而且不合法的方式，矇騙主管機關核准入境，構成偽造文書等罪。有人見大陸人來台不容易，會假藉各種名義代為申請來台，要小心觸犯刑章。

兩岸男女通婚，台灣說了算

兩岸人民交流日益頻繁，大陸人與台灣人通婚的情形逐漸增加，應該要以哪一邊的法律做依據？兩岸條例第52條明定，夫妻一方是台灣地區人民，一方是大陸地區人民，結婚或離婚的效力，依台灣地區法律。夫妻財產方面，如在大陸地區結婚，依大陸規定；但在台灣地區的財產，適用台灣的法律。

之前，有大陸地區人民向當地法院申請離婚，法院准許，而台灣法院的態度是如果沒有違背台灣公序良俗，得裁定認同，那

大陸配偶就可依法分配另一半在台灣的財產。

　　台灣男與大陸女結婚，或台灣女與大陸男結婚，父母與子女間的法律關係，依照子女設籍地區的規定。曾有台灣男子娶了大陸老婆，結果兩人鬧翻，原因是他堅持所生兩個兒子在台設籍，而不願子女設籍在大陸，希望未來法律的適用上會比較單純，而且如果涉及台灣的財產問題，處理起來也比較方便。

收養大陸子女，要遵守當地規定

　　有人想收養大陸人為養子女，尤其是一些早年從大陸來台的人，膝下猶虛，欲收養大陸親友填補情感的繫念，就要遵守民法收養的要件，也要注意大陸的收養法規定，先在大陸地區公證處辦理收養公證手續，經驗證後，向台灣住所地的地方法院辦理認可程序，之後再辦妥來台共同生活的手續。

　　一海之隔，有不同的法律制度，其中涉及兩岸人民互動的規範不少，隨著交流日益密切與頻繁，法令的限制已相對放寬，然而身分的問題仍有其政策與現實面考量，適用時宜多參酌，以保障個人權益。

法學櫥窗 兩岸關係條例

在兩岸統一前，為確保台灣地區安全與民眾福祉，制頒《台灣地區與大陸地區人民關係條例》，規範兩岸人民之往來，處理衍生的法律問題。本條例首先規定總則性事務，如台灣地區與人民，大陸地區與人民定義，陸委會、海基會地位，其次規範進出境手續、投資置產、商業往來、交通互動、廣告、民刑事處理規範等。

法律基地
1. 台灣地區與大陸地區人民關係條例第2條
2. 台灣地區與大陸地區人民關係條例第9條
3. 台灣地區與大陸地區人民關係條例第9條之1
4. 台灣地區與大陸地區人民關係條例第15條
5. 台灣地區與大陸地區人民關係條例第18條
6. 台灣地區與大陸地區人民關係條例第26條
7. 台灣地區與大陸地區人民關係條例第26條之2
8. 台灣地區與大陸地區人民關係條例第41條
9. 台灣地區與大陸地區人民關係條例第52～56條
10. 台灣地區與大陸地區人民關係條例第67條

大陸投資，正視法律風險

8

　　有一位企業家在台灣經營事業三十多年，很有成績。經朋友鼓吹下到大陸投資，因大陸各級政府積極招商引資，均提供政策優惠，就在優惠政策的吸引下，他投資了數千萬人民幣，大膽地「錢」進大陸。

便宜行事，努力全泡湯

　　他是白手起家的中小企業，帶點草莽英雄的個性，在過去靠著技術、人脈、喝酒、交際等手腕成功，不太重視法律層面問題，去到大陸也不關心當地法令，認為法律有很多模糊空間，很多地方都便宜行事。

　　經過幾年的努力，他的公司就成為模範企業，正在春風得意的時候，沒想到晴天霹靂，竟被究辦。他百思不解，經打聽才知道是生意興旺招致惡性勒索。他去找靠山擺平這事，沒想到對方與他交談時，發現他賺的錢超乎他們的想像，也心生貪念，就先

密告他逃漏稅。有關單位追查下，發現只有1,000萬人民幣是經過銀行體系進來，其餘的錢，是由地下管道進入大陸，涉及犯罪。

大陸投資法規多，事先了解以免觸法

台灣人到大陸投資，很少去了解大陸的法律規範。事實上大陸從中央到地方有不同的法令規章，就算同一事項也會有各別的規定，例如土地的使用、環保的要求、食品衛生標準等，往往有相輔相成的規則，而且大陸的法令數量也很多。

我曾提供我編著《六法全書》的法規資料供海基會彙編《兩岸投資法典》，厚達1,600頁，台灣部分約占十分之一，其餘都是大陸各地投資法規，出乎一般人意料，可見有很多人尚不了解。

有機會去書局看看，或上網查閱就可以了解大陸法規相當齊備，個別事務也都有法令可適用。

在大陸投資，注意關鍵問題

1983年到1985年期間，我曾在多次演講中提到在大陸投資，必須注意幾個關鍵問題，例如土地取得與利用、勞工與法律保護、資金進出大陸與往來、稅捐的類別與負擔等等，登「陸」營業以後還得注意食品衛生、環境保護、產品安全與品質等問題，要求會越來越嚴格。

此外，大陸幅員廣大，各地風土民情有異，企業獎勵也因地區而有不同，而且還有中央、地方層級的差別。以地產取得開發

為例，要注意各級政府的職責，地方政府如果無法一次搞定，就需注意送請上級，甚至中央審批。曾有台商未加注意，事後發現上級審批有意見，事情變得很難處理。

　　台灣的法律制度，是政府來台時，從中國大陸帶來，最近數十年再參考採英美法律規範，尤其是美國法部分，使台灣的法律呈現多元化，融合大陸與海洋法系的規範，與大陸法律體系與結構有所不同，法律的思維有差異，法律文化也有明顯不同。台商在大陸碰觸法律事件時，不能完全用台灣的法律思路去預測及處理法律事務，需要以在地法律思維去評量問題，提出有利自己的對策。

法學櫥窗　法系

　　法系是指法律的系統，它以法律制度的發生、流傳及沿革為基礎，依照同質性或類似性，類別而予歸納的法群，因之，它超越國界與區域而存在，相鄰的國家，不一定是相同的法系。

　　世界法系很多，分中華法系、大陸法系、英美海系、社會主義法系、印度法系、猶太法系、伊斯蘭法系、非洲法系等等，歐美國家概略分成大陸法系與英美法系二個系統，再依其殖民時期開拓或經營之區域，而拓展至非洲、美洲、大洋洲。

　　大陸法系源於羅馬法，重視成文法，法律以法典形式規範，明確將立法與司法分工，行政案件訴訟不歸普通法院管轄，由職業法官審理民事案件，不採陪審制，歐洲大陸的法、德、葡、西、義、荷等及其殖民地國家屬之。我國亦同。

　　英美法系其主要國家為英、美、加拿大，因位在大西洋西側，又稱為海洋法系，曾為英國殖民地之印、巴、新、澳、紐等亦屬之，主要以判例法為法源，重視程序法，採陪審制；法官常由民選產生，溯及來源，早在11世紀諾曼人進入英國後，逐步形成以判例形式出現之普通法，故又稱普通法系。

認識大陸法則，減少經商困擾

9

　　大陸的司法制度與台灣不同，大陸的法院設有四級：最高人民法院、高級人民法院、中級人民法院、地區人民法院。台灣的法院有三級：最高法院、高等法院、地方法院。

　　又，大陸的檢察系統，由最高人民檢察院監督各級檢察院，是獨立機構，與國務院、最高人民法院平行，與台灣的最高法院檢察署歸法務部監督不同，而且台灣檢察官依刑事訴訟法等規定，可以指揮監督各司法警察機關（警察、調查員等），大陸公安系統則有不同的地位。

兩岸交流頻繁，衍生法律問題多

　　目前台商涉及的訴訟案件，常有力不從心之感，原因仍是事實不明確、不了解訴訟案件呈現的氛圍、大陸法令之規範，以及司法公義性價值體現等等。再者對於律師的處理態度，也要深刻體會，也許要注意其處理方式與台灣律師的文化與態度有無不

同，謹慎以對。

　　近幾年來，我曾多次去大陸參訪講演，接觸不少台商，也曾舉辦台商座談會，發現兩岸交流頻繁，投資越多，企業營運內容越複雜，衍生的法律問題越多，如諸多台幹在兩岸的身分問題、大陸稅法是否溯及既往，有關勞工、保險、工資與勞動合同事項、仲裁結果有所偏向、當地結婚配偶不願回台，離婚不易處理，還有司法既判力等問題，常常困擾台商。

政府應儘早修法，台商可要求提出協助方案

　　政府應深入了解台商面臨的困擾，儘早修法，修法不及，應及早推出政策，至少亦應有對策，而且檢視兩岸所有不利台商之法律、命令或行政司法見解，研擬解決方案，進行兩岸談判，提出合理妥適之解決做法。台商也要隨時要求政府提出協助方案，幫助台商。

　　在某一次座談會中，有台商提出契約糾紛的處理、台商與大陸廠商爭議的解決途徑、台商投資審批程序、台灣農產品進口大陸的核准作業等議題，都牽涉很廣，顯示台商剛開始忽略法律規範，等到適用法律時，才發現問題多多。其實台商投資建廠完成，開始生產營運，才是法律適用的開端，也正是預測與評量法律風險的始點，必須充分了解大陸法律的內容與適用標準，做好權益保護工作。

留意大陸法律的「潛規則」

大陸的法律制度經多年的建制，已有相當規模，各機關在引用時，因其內部習用慣例有不同的「潛規則」，台商對此應充分了解。例如大陸名商標逾2,300件，台商僅取得十多件，原因是大陸審查時，有潛規則，例如銷售範圍超過十省市，需提供經濟指標或行業排名證明資料，台商剛進軍大陸，不易有十省市銷售成績，可找各地經銷商合作，設立新招牌，從事銷售或代理行為。又如向大陸銀行貨款，也需注意其內部作業準則等潛規則。

在台灣財經金融案件受矚目，在大陸對於經濟犯罪也逐漸重視，有些台商因未注意或忽略刑事規範，以致陷入經濟犯罪泥沼，後悔莫及。翻開大陸新刑法的規定，有關企業經營的犯罪態樣超過五、六十種，大家不妨用台灣的刑事處罰思維去研判，大抵可認識到那些行為會構成犯罪，像職務侵占、挪用資金、掏空資金、詐取資產、串通詐騙等，大陸也都成立犯罪。其他如非法舞弊、徇私舞弊、虛報註冊資金、隱匿會計文件、高利借貸、非法吸金、假出口詐退稅、使用非法發票、逃匯、非法貸款、洗錢等，也都是犯罪行為。

法學櫥窗 **潛規則**

　　從字面上看，潛規則就是潛伏式、隱藏式的規則，一般指沒有正式規定，而在某些群體中普遍遵守的遊戲規則。可說明相當有實際效果的遊戲規範，在社會中常支配著公私生活。

　　2001年，中國作家吳思在他的著作《潛規則：中國歷史中的真實遊戲》裡提出潛規則一詞，逐漸被接受，現已廣泛被運用。各行各業都存在潛規則，部分行業稱之為「行規」，部分公務文化稱為「不成文規定」，有時被指為有不法成分的「陋規」，雖有明文規範，但它常是支配的主流。

　　潛規則既然是地下伏流，暗底不公開進行，常是約定成俗或沿用成習的規則，通常具有不適合檯面化、不適合說出來，或有不適當內容，甚而含有不法的成分，其情況不一而足，在與政府洽辦公務或與企業交易時，對於潛規則最好有所了解。再者，從法律角度來看，潛規則如涉及違背法令規範，就涉有法律責任。

別人自殺參一腳，罪大條

10

　　有個女孩子跟男友談判破裂，心情奇差；上夜班的室友回住處休息時，不斷聽到她哀聲歎氣，被吵得睡不著覺，沒好氣地順口說：「（你）看不開，不會去跳樓嗎？」

　　這位室友早上醒來去買早餐時，發現她的室友真的跳樓，已經氣絕身亡。經檢察官訊問明確後，以教唆自殺罪起訴，這位室友被判一年兩個月，緩刑三年定讞。

　　無獨有偶，曾有一名課業壓力重的學生，擔心成績退步，心情不好而嚷著「想跳樓」，同學以為她在開玩笑，起鬨說：「不要只用嘴巴講，要跳就真的去跳！」這名學生一被激將，忍不住就跳下樓，摔成重傷。

　　有句話說：「飯可以亂吃，話不要亂講。」當別人情緒低落，不宜隨口說東道西，以免後果不堪設想。

無心之言，構成教唆自殺

　　現行法令上，自殺的人本身並不犯罪，但也不能忽視自殺的社會問題，對於幫助別人自殺的情況應予以遏止，所以法律規定，教唆或幫助他人自殺，或受人委託，甚至得到對方承諾同意把對方殺了，都算是「加工自殺」，要重罰。另外，透過上述行為導致別人重傷，也會成立「加工自傷」罪。

　　教唆他人自殺，就是以言語激將、鼓動、央求、指示、利誘，讓人興起自殺的念頭；對於已經想自殺的人，用文字、口頭或提供道具，給他精神或物質上的助力，來協助完成他的自殺行為，例如提供繩子、買安眠藥、跳樓幫忙推一把，則是幫助別人自殺；另外，就算是受別人囑託或經過別人的同意而殺了對方，可能是因為對方自己下不了手，而要求你勒死他，或幫忙灌農藥、扣扳機……，都於法不容。曾有人出書教人如何自殺，例如《完全自殺手冊》、《結束生命的美麗方法》等，就要注意會觸犯加工自殺的罪責。

　　另外，新聞上常報導共同燒炭死亡事件，以前多是因為殉情，但現在不一定了，曾有兩個女生相約到東北角跳海，只因為對人生不抱希望；這類行為在法律上叫做「謀為同死」——有辨別事理能力的兩個人剛好都不想活了，共同預謀自殺；「謀為同死」的情況下，萬一有倖存者，倖存者可以免責。

攜幼子自殺，構成殺人罪

這幾年來，有些父母因為感情風波或生活壓力，起輕生念頭，想到子女無依無靠或為報復另一半，會與小孩講好一同燒炭自殺或服用安眠藥，也有媽媽帶著年幼不懂事的小孩一起跳樓同赴黃泉，由於小孩沒有辨別能力，不懂死亡的意義，也不一定想死，所以就算父或母沒自殺成功，也會成立殺人罪。

台灣安樂死非合法，結束病患生命有罪

前一陣子，有位老人家因為太太長期臥病在床，非常痛苦，他非常不捨，結果就用長鐵器敲打太太頭部結束生命，被追究殺人罪，經媒體報導，社會很多人非常同情，有人討論這是否為安樂死，可否用安樂死觀念來減免刑責，不過在台灣安樂死並未立法，仍無法以此阻卻違法。

蓄意死亡詐領保險金，保險公司不理賠

以前也發生過一件轟動社會的殺妻事件，登上報紙頭條——有婦人為了還債，與先生說好並買通殺手槍殺她，以詐取保險金還債；事發前一天，她在電梯裡與先生吻別，被電梯裡的監視器拍下，被殺的真正原因才水落石出。表面上是他殺意外，事實上是她先生和殺手幫助她自殺，這種情形保險公司當然不理賠。

保險在保障一些不可預料或不可抗力的危險，提供被保險人適當的賠償；如果被保險人故意讓自己死亡，例如自殺，保險公

司不負給付賠償金額的責任。就算保險契約內容寫明被保險人故意自殺、保險公司仍應賠償的條款，這項條款也是訂約二年以後才有效力。另外，被保險人判處死刑被執行，或者越獄致死，保險公司也不負賠償的責任，但如果已經付足二年以上的保險費，保險公司應該退還保單價值準備金。

法學櫥窗 **安樂死與尊嚴死**

安樂死的意義，從字面解釋是指「安詳和樂的死亡」（good death），由於病人罹患無可治癒的疾病而痛苦萬分時，藉由注射致命性藥物或停止不必要的醫療行為等方式，結束病人生命，此種處置即為安樂死。由於涉及有無決定生命結束權限等問題，可否安樂死引發各國爭議，目前立法容許安樂死的國家有加拿大、德國、荷蘭、比利時、盧森堡、瑞士和美國蒙大拿、勒岡、華盛頓等地。

安樂死涉及生或死的嚴肅議題，也與生存權、維護人權、生命自主權與醫療本質等有關。由於生物醫學技術日新月異，延長人的生命，並非完全不可能，探討安樂死問題，顯然有相當複雜度。在台灣安樂死並非合法，透過此方式結束病患生命，將涉及加工自殺或殺人之刑事責任。

尊嚴死是對於無治療希望的末期患者，終止其無意義且無

益的延命醫療行為，使之能有人性基本尊嚴，終結生命，其方式係以消極不實施維持生命醫療行為為主，其內涵與本條例所指的安寧緩和醫療相近，目的在使患者臨終前得以選擇死亡。

美國在1976年通過「自然死亡法案」，對末期臨終病患不施以增加痛苦且拖延死期的醫療，這不是「安樂死」，是「自然死」的概念，與安寧緩和醫療的目的相同。從實際經驗來看許多接受過安寧緩和醫療的病人表示，在醫療團隊有效的緩解身體的痛苦，加上親人支持以及周遭的愛與關懷，活得很有尊嚴與價值，所以美國醫師對此接觸越多，認為安樂死並非解決病人痛苦的唯一選項。

法律基地

1.刑法第271條

2.刑法第274條

3.刑法第275條

4.刑法第282條

5.民法第184條

6.保險法第105條

7.保險法第109條

8.保險法第133條

第 二 部

家庭校園

11 印章存摺分開放，避免小偷偷到爽

12 醫療契約，掛號就生效

13 真心換絕情，法律來相挺

14 被害不是衰，自己沒風險意識

15 犯罪成本高，偷兒知難而退

16 受害關鍵時刻，保命大法

17 校園霸凌好對象，小個兒當自強

18 電影爆紅，校園染黑

19 老師罰學生，問題多多

印章存摺分開放，
避免小偷偷到爽

11

　　X先生怕忘記提款密碼，把密碼註記銀行存摺上，連同印章放在信封裡保管，結果被Y先生統統偷走，而且拿到銀行將X先生的存款盜領一空。X先生發現之後，到銀行詢問，銀行職員表示當Y先生來領錢時，覺得有點奇怪，但也未加懷疑。X先生很不高興，銀行員則怪X先生沒有保管好，X先生氣得要求銀行賠償。

方便自己，更方便小偷

　　現代人往往為了處理金錢方便，在好幾家銀行開立帳戶，無形中，持有多家銀行的存摺，可能用不同的密碼和印章，為了避免忘掉，習慣上會在存款簿上加註密碼，而且統統放在一起；結果，方便自己，更方便小偷，讓小偷偷來全不費工夫，還要對你說一聲謝謝呢！

　　我曾看過，有被害人擁有十家銀行存摺，各自搭配不同的印

章，卻在每一顆印鑑章上都標明適用銀行的名稱，等到九家銀行存款都一一被盜領光時，才發現小偷的行徑，驚覺這是種錯誤又笨拙的保存方式，但已後悔莫及。也有人使用一顆印章「吃遍天下」的情況，不管哪一家銀行都用同一印鑑，這樣對有心人士更是方便，很容易被盜領。

當事人事後檢討可知，用這些方法處理存摺和印章，就好像是跟小偷說：「你不必客氣，要領就請便。」如果又把密碼寫在存摺上，也是對小偷說：「很方便，您自用吧！」這根本不叫做密碼，而是「明碼」了，何必多此一舉！

被害人損失該向誰追討？

再說到Y先生因為持有X先生的存摺、印章，所以在法律上，Y先生可以解釋成債權（銀行存款）的準占有人，除非銀行不知道Y先生是偽裝的，並非真正的債權人，不然對Y先生就有清償的效力。所以，銀行付款給Y先生之後，可以主張有法律效果，X先生便難以抗辯。

如果被害人不甘損失，想要銀行負責，必須提出證據，證明銀行職員知道對方沒有權利領取存款，並非債權人，否則只好落得向小偷主張竊盜等侵權賠償責任。不過，小偷通常把錢花光，也無恆產，總落得一場空。

安全保管必學技巧

安全保管方式有幾個技巧可以參考，包括：存摺不跟印章放在一起，存摺上不註明印章類型、存摺上不註明密碼、印章上不註明銀行、分開放入保險箱、分放在不同棟、不同層房屋（有人分開放在自家或父母、岳父母家，也有人分別放在自家或辦公室），同時要記下存摺的編碼等相關資訊備用。證件與其他財物的保管也是一樣。

銀行VS. 存戶，法律責任該歸誰？

再來說銀行與存戶之間的法律問題。像Ｘ先生的存款被盜領，但是存摺和印章都是真的，所以是存款戶Ｘ先生自行負責；如果存摺印章不是真的，那就變成是銀行的責任。

匯款錯誤的話，是自己的問題就自行負責（但匯款的對象有不當得利的問題）；假設是銀行搞錯數字，比如把100元誤聽成100萬元，由銀行負責。類似的還有轉帳錯誤的情形，自己轉錯金額，可以找銀行商量，要不然就訴訟；銀行搞錯的話，就由銀行負責賠償。

至於盜刷信用卡，一般來說如果是拿真卡盜刷，由卡主負責，但可以向盜刷的人請求賠償。還有溢領存款的狀況，不管是臨櫃或到存款機提領，溢領的人都是不當得利，也有詐欺的問題，銀行可以要求還錢。

「表見代理」問題不可不慎

最後要特別說明，很多人因為需要出國或太忙碌，會把印章、證件交給別人幫忙辦事，這時候要特別注意「表見代理」的問題（「見」音唸成「現」）。

早期的農村常發生農民委託他人代辦申購肥料、種子，結果被別人偷偷拿去辦貸款，後來發生訴訟，法院依「表見代理」法則判農民要負貸款責任，農民欲哭無淚。像委託人代辦登記事項，也可能發生類似後果。

因為這些行為在外觀上會讓人誤信你授權他人處理事情，必須負起授權人的責任，不能抗辯說沒有委託就可以免責，也不能主張受委託的人侵權。所以說，把印章、存摺交給別人保管時，要十分謹慎。

法學櫥窗 **表見代理**

表見代理，指無代理權人所做雖是無權代理行為，但因為本人的行為導致在表面上讓人以為有代理權存在，法律乃賦予一定的法律效果，目的是為了保護交易安全，使相對人信賴有法律保障。

表見代理，為無權代理的一種，規定在民法第169條：「由自己之行為表示以代理授權與他人，或知他人表示為代理人而不為反對之表示者。對於第三人應負授權人之責任。」此時，本人對第三人要負授權的責任，也就是負履行的責任。

他人無權代理，不是就會發生表見代理的結果，必須符合二種情形：

（1）由自己行為表示將代理權授與他人，例如，同意他人用自己商號的分店營業；將印章與支票交付第三人保管；將郵局存摺與印章交第三人保管。

（2）知道他人表示為其代理而不為反對表示，例如，他人用自己商店的分店營業，竟未反對。

法律基地

1.民法第169條

2.民法第184條

3.民法第309條

4.民法第310條

5.刑法第210條

6.刑法第216條

7.刑法第217條

8.刑法第320條

9.刑法第321條

10.刑法第339條

醫療契約，掛號就生效

12

有患者抱怨，去醫院檢驗，居然要跑三趟，第一趟是醫師開抽血單，第二趟是抽血，第三趟是看報告，每次掛號費都要花上好幾百元，結果等到一句「正常」，簡直把病患當提款機，讓人很嘔。

患者認為，如果到醫院檢驗結果正常，院方只要來電通知即可，不用要求患者再跑一趟，但是醫界認為只看報告而沒有醫師當面解說，患者心裡也不踏實，只是，當患者很急著知道結果，空閒時間也不多，醫界不妨考慮簡化流程，兩全其美。例如以書面做初步通知，或於白日、夜間開設特別看報告門診等。

看病是否適用消費者保護法？

在我們生活周遭，醫療糾紛或事故經常發生，像醫院護士取錯針劑誤為兒童注射，兒童高燒不退；又如手術後在恢復室休息時，醒來翻身滾落到地上；再如麻醉後，突然休克昏迷不

醒……，案例不勝枚舉。

所以，很多讀者好奇問我，看醫生是否可以適用消費者保護法？確實曾有某醫院發生胎兒難產事件，結果胎兒死亡，院方被要求依消保法負責，引起醫界的大震撼。醫界認為，醫療雖然偏向服務業，可是跟一般消費行為不盡相同，有其專業性、濟世性，不宜用消保法。

後來，醫療法修正，目前傾向不適用消費者保護法，回歸一般民法的契約和侵權行為法則來處理，同時，發生醫療過失和傷害，醫師還是會有刑事責任。

談到醫療契約的性質，也有幾種看法——由於看病跟一般勞務不同，一般認為不是「僱傭」契約；此外，除非是「包醫」痔瘡、除痣或醫療套餐可以歸類為「承攬」之外，一般認為是「委任」契約，是醫師接受患者的委託處理醫療事務；而且不以收錢為契約成立的要件，比如義診、免費幫親友看病，看病也不能疏忽，一般有收費的話，醫療義務比較高。

醫療契約，一掛號就成立

大家更好奇的是，醫療契約在什麼時間點成立？

舉例說，曾有一老人家到心臟科診所求診，醫師看診看到接近中午十二點，發現還有一名患者沒進來看診，他請護士去外頭候診區看，發現掛第十八號的老人家已經「掛掉」。趕緊通知家人來，等大兒子趕到，醫師忍不住指責老人家的兒子：「真不孝

順，怎麼不陪他來？讓他發生意外，如何心安呢？」那兒子反而火大，說：「我爸來看病就算是成立醫療契約，是你這個醫師要負責任，怎麼反而說我？」

類似的爭議就在於醫療契約究竟是何時發生效力，是掛號、量身高體重、問診還是開藥打針時呢？一般都認為是掛號時就成立，簡單的說，病患求治是要約，掛號表示承諾，醫療契約成立，醫院（師）就有履約的義務，所以對於急診病人可能的病狀與變化，醫院診所方面要特別注意，最好三不五時就派醫護人員查看，否則可能會有過失責任。

手術同意書，效力有多大？

另外，進醫院有時候要動手術，很多人對手術同意書很「感冒」，普遍認為手術同意書的功效非常大，所以當病患家屬看到手術同意書上的字眼例如：「如果手術失敗，概與本醫師無涉」，往往感覺不祥，似乎簽了同意書之後，醫師就可以高枕無憂，造成病患家屬不敢簽名、醫師也不敢動手術的僵局，延誤動手術的黃金時間，也就延誤救治時機，以致病情發生變化，可能又起醫療糾紛，甚而有醫療過失責任。

事實上，手術同意書的功能並沒有大家想像中來得大，舉個最簡單的例子，我們在路上看到有陌生人受傷，幫忙叫救護車送到醫院，當事人的家屬往往都還沒有趕到，也沒有任何人簽手術同意書，這時醫院照樣會動手術，等家屬趕到，手術都已完成，

即手術同意書與一般大眾認知有很大的出入。

　　當然，有手術同意書這種書面同意的證據，才不至於口說無憑，比如醫療費用的金額，萬一發生爭議的話，大家也比較沒話講，還是有它的功能存在；但醫師不能以為在手術同意書中列出「免責條款」，有家屬簽名背書就完全沒事，因為基於保護消費者的立場，也是無效。

見義勇為，有法律責任嗎？

　　有人好奇，把路倒的傷患、昏迷的鄰居送到醫院急救，其實沒有接受當事人的委託，算是見義勇為、好心幫忙，到底有什麼法律關係呢？法律上，這叫做「無因管理」，即未受委任，並無義務，而為他人處理事務，有其根據，所以這種好事大家還是可以繼續做下去。

　　順便要提到的是，病人對於醫療方法、手術過程結果與風險，有知的權利，醫療診所一般也要病患或家屬簽署，且由醫護人員見證，但常有患者反映醫護人員都是簡單說明或扼要帶過，事後引發病患不滿，以致時有爭執，醫院診所應該加強改善，滿足病患知的權利。

法律基地

1.民法第153條

2.民法第172條

3.民法第220條

4.民法第528條

5.民法第535條

6.醫療法第56條

7.醫療法第63條

8.醫療法第64條

9.醫療法第82條

10.醫師法第11條

11.醫師法第12條之1

12.醫師法第21條

真心換絕情，法律來相挺

13

　　吳老先生把財產登記給獨子小吳後，沒想到小吳和媳婦因為錢已到手，又嫌他嘮叨，逐漸冷淡，也不盡扶養責任，讓吳老先生懊悔不及。吳老先生在老人會中談到這件事，老淚縱橫，眾人怪他太傻，也有人跳出來大罵小吳是不孝子。

　　看到這種事例，老人家只能忍氣吞聲，實在令人同情。所以，我多次上電台節目時，特別提出處理方法，結果真的有聽眾來電感謝，說我的方法讓他們重拾尊嚴，兒媳都變得客氣三分，讓我很安慰。

未盡扶養責任，有權撤銷贈與

　　我教的這個「法寶」其實很簡單。像吳老先生把財產登記給獨子小吳，性質是贈與，根據法律規定，有兩種情況可以撤銷贈與（民法第416條），其一就是對贈與人有扶養義務而不扶養。吳老先生可以用這條法律，撤銷他把財產贈與給小吳這件事。最近

台北地院就判決一位不事生產，也不扶養父母的兒子所得到四千多萬的房屋予以撤銷，引起社會大眾高度關注。

另一種是，對贈與人以及他的配偶、父母、孫子女、兄弟姊妹等故意侵害而構成犯罪，也可撤銷贈與。

舉例說，王先生因元配過世而再娶。元配所生的兒子小王，懷疑老爸偏心、暗中將錢財移給繼母及後來生的了女，耿耿於懷，常和繼母爭吵。有天，小王竟然廣發「武林帖」給親友，內容指涉老爸是「老不修」，繼續在外面找女人，繼母也不守婦道，講得活靈活現，讓王老先生氣炸了，跟小王理論，還被砸傷，雖然親友一再勸解，但還是難嚥這口氣。

有一天，王老先生聽到我在電台節目上講的方法，便試著寄出存證信函，對小王的妨害名譽與砸傷行為，說明已構成誹謗罪與傷害罪，要將已經過戶的土地、房屋共5000萬元的贈與撤銷。小王不以為意，但媳婦不放心去請教律師，才知道公公要撤銷贈與的事有法律依據，趕緊找長輩出面打圓場。

舉證重大事由，可終止收養關係

如果發生在收養關係上也一樣。養父母可以請求宣告終止對養子女的收養關係（民法第1081條），包括發生養子女虐待、重大侮辱、遺棄或其他重大事由，讓人感到「真心換絕情」，難以維持收養關係時，只好趕快做個了斷。

以前有個富婆收養了一男一女，但養女病逝後，養子開始

「拿翹」，不再噓寒問暖之外，還常藉故找碴，看富婆買個名牌就嘮嘮叨叨，富婆一氣下舉出「重大事由」的種種事證，終止收養，讓養子想繼承財產的美夢落得一場空。

反過來，子女或養子女也可以請求減輕扶養義務（民法第1118條之一），狀況差不多，也是父母或養父母對他們或他們的配偶、直系血親（例如孩子）故意虐待、重大侮辱或其他身、心的不法侵害等，如情節重大的話，甚至可以免除扶養義務。

遺囑動手腳，喪失繼承權

補充說明，有不孝子女急著早點繼承財產，或貪圖繼承更多財產，因而動手偽造或變造遺囑、把遺囑藏起來，或撕掉、燒掉等等，非但不能如願，還會因此喪失繼承權，分不到遺產（民法第1145條），弄巧成拙。

其他會喪失繼承權的原因，包括故意讓父母生病而且不帶去就醫，被判有罪；或者以詐欺、威脅方式要父母寫遺囑或更改遺囑內容；或對父母有重大虐待、侮辱，父母已表示不得繼承。

子女不孝不義，可祭出法律絕招

所以說，不孝不義，除了刑法會有處罰（也就是遺棄罪），民法也讓父母擁有撤銷財產贈與的權利。老人家也要知道有利自己的法律，不得已時可以祭出法律絕招，促使子女盡孝道。

在此也提醒老人家，最好手邊留些財產，不要統統分給子女

（贈與時，還要注意贈與稅問題）。我曾看到幾個事例，父母手邊現款多多，宣布例假日回家者，給予一定獎勵，連孫子女也有紅包拿，所以假日家裡都是熱鬧滾滾，大享天倫之樂。有人不一定認同這種做法，但它很有效。

妥善分配財產，避免家庭紛爭

新聞常見，子女眾多的大戶家庭，常常上演子女爭執分產不公平的事件，建議找個中間人或見證人，或有人擔任監督者，督促子女未來遵照約定行事，善盡子女的扶養責任。

有老人覺得生前先將財產分配給子女沒有安全感，不妨先處理一部分，自己保留部分財產，便於運用，或者立下遺囑，依自己意思預為處理，也免得未來子女爭吵不休。

法學櫥窗　遺囑

遺囑是生前所立有關死後如何處理遺產或交代其他事務的意思表示，它的內容並未限制，只要不違反法令或公序良俗均可，但不得違反「特留分」規定，當立遺囑人死亡時生效。民法規定滿16歲的人才有立遺囑能力。

民法中遺囑共分為五種：

（1）自書遺囑

（2）公證遺囑

（3）密封遺囑

（4）代筆遺囑

（5）口授遺囑

各種遺囑的訂立方式有不同規定，必須依照法定格式辦理，才是有效的遺囑。

法律基地

1.民法第406條

2.民法第416條

3.民法第417條

4.民法第1081條

5.民法第1145條

6.民法第1186條

7.民法第1187條

8.民法第1189條

被害不是衰，
自己沒風險意識

(14)

　　每天翻開報紙都會看到很多社會案件，日常生活也常聽到他人受害的故事，例如在路上遇到飛車搶劫、女性受陌生人性騷擾、家中遭小偷侵入、錢被詐騙集團騙走、看別人打架反而被打……等，一般人都覺得是運氣不好，但這其實是可以預防的。

犯罪事件可預防，掌握時空環境三要素

　　犯罪學上有一個「日常活動理論」（Routine Activity Theory，簡稱RAT），指的是強盜、綁票等暴力性犯罪，跟被害人、犯罪人的日常生活活動、生活型態有密切關聯。

　　分析犯罪事件的發生，在時空環境上需要三要素緊密結合：（一）有強烈動機的加害人，例如吸毒犯、沒錢生活的青年、性衝動少年；（二）有適合的被害「標的物」，像有人帶名牌皮包在街上行走、高級轎車停在路旁；（三）當時環境缺乏監控力，

也就是有能力抑制犯罪發生的人不在場，比如屋主、兒童的父母、警察、保全不在場。

環觀社會常見的犯罪事例，可以發現這三個要件的出現與結合，確實促發刑事的發生，例如豪宅，有慣竊觀察了好幾天，發現晚上都沒開燈，試按電鈴也沒人應聲，附近又少有警車巡邏，自然成為首要目標。

所以，我在公開演講中，一直提醒聽眾，住家要安裝防盜保全設備、使用定時器開燈、打開收音機，利用燈光和聲響假裝有人在家，或是養狗看家，以及裝設自動開燈感應設備，使用警鈴、自動攝影機，可以嚇阻小偷；同時將貴重物品、金錢財產寄放銀行保險箱，或託人保管，避免成為小偷的好標的等，減除上述三要件同時存在的危險性。

透露常不在家的跡象，容易成為行竊目標

其實在辦案過程中，偶爾會從竊賊的口中了解到他們選擇行竊目標的方法，一般來說，慣性或存心偷東西的人會在一定時間觀察，如果屋內很少亮燈、信箱內堆滿報紙雜誌信件，或門前空地雜草叢生、落葉滿地，就是他們最喜歡也最容易下手的處所，而且因為主人常不在家，作案時間從容，輕而易舉就把屋內財物「大掃除」一遍。

所以，不常在家的主人，如果訂閱報章雜誌，可能要通知停送或請人處理信件，信件也不一定要寄到住家，門口或屋前空地

也要注意定期打掃，以免給人很少回家的聯想……等等，做好風險控管，不要給別人下手的機會。

運動別帶貴重物品，深夜返家提高警覺

一般人在外面活動時，也要注入日常生活理論的觀念，例如晨間慢跑、晚間散步、假日運動，儘量少帶有價值的東西上路；常有學生打球，把手機、背包放在一邊，沒多久就被人乘隙偷走；又如婦女夜間上下班，經過暗巷，路上行人少，務必左右察看，把皮包斜背在胸前，行走方向盡量和車輛反向行進；深夜回家，鄰居都睡了，開門時多注意四周有沒有陌生人，不要毫無警覺地逕自開門，忽略安全。

自行車被竊風險高，保護愛車三要件

現在，騎自行車是時尚運動，但是變速車與越野車價格不斐，常有失竊問題，新聞還報導，小偷甚至用一根髮夾就可以解鎖，所以，除了使用更有安全性的鎖，也可參考上述三要件來保護車子，比如在家時儘量把自行車停在室內；外出時，儘可能放在自己視野所及的地方，一定要加鎖，最好鎖在欄杆、電線桿上；也不妨漆上容易辨識的記號或顏色，讓小偷興趣缺缺，減少犯罪誘因。

向來也有專門偷車勒索的集團，所以晚上最好把車停在自家車庫、停車場或光亮處所；在外停車時一定要熄火、取下鑰匙；

下車時也不要將貴重物品放在車上，因為皮包或類似裝有鈔票的紙袋放在車內，最容易引起竊賊的犯案動機；也有人會加裝暗鎖、警報器或取下電源線，同時送去修車或泊車時，注意有沒有被複製鑰匙，也是預防的好方法。

超商深夜搶案多，防範可疑人物

三更半夜便利商店被搶，櫃檯的工讀生在鏡頭前拍胸退驚的新聞畫面時有所見。其實，深夜顧客稀少，忽然有一名衣衫不整、東張西望的中年男子進門，店員就該想猜想這名男子也許經濟狀況不好，剛完喝酒不過癮，手中又沒錢，剛好只有一個人顧店，就該提高警覺，手裡故意拿條狀工具，出聲招呼，就近監看，表現出足以操控現場的模樣，男子可能會知難而退，否則一個不留意，對方就可能搶酒要錢了。

法學櫥窗 **犯罪被害人補償**

因他人犯罪，致生命被剝奪或受重傷，以及因性侵害而受傷者，國家予以金錢補償，此犯罪行為包括故意或過失行為在內，性侵害犯罪行為包括刑法第221條等妨害性自主罪、兒童及少年性交易防制條例第24條等犯罪。

補償的範圍包括：

(1)受傷的醫療費，最高在40萬元以下。

(2)死亡的殯喪費，最高在30萬元以下。

(3)法定扶養費用，最高不得逾100萬元。

(4)受重傷或性侵害的被害人所喪失、減少的勞動能力或
　　增加生活上的支出，不得逾100萬元。

(5)精神慰撫金在40萬元以下。

申請犯罪被害人補償金，本人或父母、配偶、子女等可向各地檢署申請。

犯罪成本高，偷兒知難而退

15

有次我到一個藝術工作室，發現大門有六、七道大大小小不同的鎖，工作室主人花了幾分鐘找鑰匙才順利進門。聽他說，因為前後遭了好幾次小偷，有一次幾乎是全部搬空的大偷，讓他心血付諸東流。檢討結果是他想法太浪漫，以為沒有現金財產，不值一偷，所以沒有保全設施；多加幾道鎖後，情況才改善。

我以前承辦一件土地界址糾紛，到現場勘查時，發現屋主在房子四周挖了小河溝，周圍種了密密麻麻的刺竹，更裡面還有鐵絲網，大門沒有鎖，而是用撿來的鋼索、鐵線多重綁起來。屋主說，有次回家看到小偷正在使用鐵鉗、鋼刷等工具拚命想打開大門，但因為沒有利剪，就是打不開，四周又長滿刺竹，跨不過去，只好含恨離去。屋主對自己的防盜傑作很得意。

這兩個案例告訴我們，運用一些技巧讓小偷不易得手，完全符合犯罪成本觀念，因為小偷偷東西總希望能在最短時間內順利得手，花的時間越久，被發現或逮捕機率就越高，盤算結果不划

算，往往會放棄或知難而退。

三個小撇步，減低小偷犯案意願

根據我多年辦案的實務經驗，任何犯罪者在犯案之前，通常會考慮下手的方便性、得手的容易度、所得的報酬高低、犯後被逮捕查獲的危險性，以及量刑的輕重，所以只要針對這幾個重點，加重犯罪的困難度、減少犯罪所得、增加被逮的危險性，大體上可適度減少犯案機會。

例如，晚上停車時，加兩個特大號的枴杖鎖，又有暗鎖，再用鐵鍊把輪胎和大樹綁在一起，小偷看了也懶得偷。

目前，犯罪案件並未降低，有人怪罪法律訂得太輕，其實過度依賴法律制裁，並沒有辦法完全遏止或是阻斷犯罪持續進行，應該從犯罪成本著手，提高犯罪難度，受害情形可適度減少。

讓環境不利於犯罪，罪犯不方便下手

以個人來說，不要輕易留滯或活動於有利犯罪人的環境，因為環境如果不利於犯罪，或是犯罪不方便下手，做壞事的人數便會降低。

以前有個上夜班的護士，下班時都穿著有許多鈕扣的上衣和緊身牛仔褲，手拿雨傘，以防萬一。某天在路上真的遇見色狼，在掙扎過程中歹徒脫不下她的衣服，看到有人騎機車路過時，倉皇地逃走。

強化自我保護措施，提升對抗歹徒的本錢

再者，要設法強化自我保護措施：例如購買汽機車防盜措施、離開汽機車時必定熄火、飼養看門狗、長期外出時託人照料顧家、參與跆拳道訓練……，提升對抗歹徒的本錢。

以營業場所來說，像賣場裡各樓層裝設監控器，明顯處所張貼「查到竊盜，重罰五倍」的海報，以及派店員不定時間、不定途徑巡邏，貴重物品裝置防盜晶片，都是適例。

警方加強偵辦能力，宣導提升國民正義

政府警政部門則應提高破案率，這是最有效的刑事政策。分析犯罪人在犯罪前，主要考量點在是否得手容易？當地治安單位的破案能力如何？是否容易被查獲？如果偵辦能力加強，破案率高，當可杜絕僥倖心理。另外，政府要加強宣導，提升國民正義感，發現有人犯罪，能見義勇為，不要漠視身外發生的事，甚至不聞不問。

猶記五、六〇年代，竊賊一般不敢到鄉下偷東西，因為一被發現會被大夥兒圍捕，脾氣不好的人甚至拳腳相向，小偷之間相互流傳，都知道那些村落不能嘗試，不然意想不到的「後果」會很慘，也可以說犯罪「成本」不低。

當然，法院的量刑，也是犯罪成本的關鍵要素，法官依情節從重量刑，一經傳聞，社會不法之徒都會評量是否划算，記得當年立法規範，擁手槍自重者，「最低消費額」是五年以上徒刑，

所以很多人不敢持有，都丟到暗處。有位歌手唱的歌詞很應景：
「路邊不小心就撿到槍」。

受害關鍵時刻，掌握保命大法

16

我們如果不幸受外力侵害時，在不得已的情況下應先求自保，多運用「斯德哥爾摩症候群」的觀念，盡量不要有「倫敦症候群」的反應，讓自己在危險情境中保持安全無恙。

運用「斯德哥爾摩症候群」觀念，臨危自保

1973年的瑞典首都斯德哥爾摩，有兩名搶匪搶銀行，挾持了四名男女，長達六天的期間，雙方互動過程竟產生認同與情感轉移現象，被挾持的人質認為受到搶匪的保護，才沒受到警察傷害，其中一名女性還對男搶匪產生好感，這種情形在犯罪學上稱為「斯德哥爾摩症候群」。

專家分析，綁架發生時，人質回復到嬰幼兒期，仰賴父母的保護和照顧，所以對綁匪產生認同與情感，逐漸有正面、友好的回應，也因為綁匪提供他們吃、住，心情比較平靜安定，雙方互

動平和，容易認為綁匪是好人，進而有情感的轉移現象，甚至產生反警察、反政府的心理和動作，一旦警方搶救行為讓他們陷入危險，就會產生負面態度與敵對行為，被釋放之後也會拒絕與警方合作，不願作證，反倒會關心綁匪的去向，主動聯繫，或去監所探視。

忌犯「倫敦症候群」，以免惹惱歹徒

1980年，有六名伊朗綁匪入侵伊朗駐英國倫敦大使館，挾持26名使館人員當人質，英國派出反恐特種部隊（SAS）攻擊，在六天的對峙談判，一名人質遭槍殺身亡，屍體被丟在街道上；事後查證，原來是被槍殺的人質，曾在館內與綁匪爭吵不休，甚至肢體挑釁，經過數小時不斷的對立、騷擾，惹火了暴徒，才會被殺害。犯罪學家稱之為「倫敦症候群」。

我過去經辦的刑事案件中也有「倫敦症候群」事例。

例如，有個醫師被綁架後，一直反抗，再三表明他學過國術，嗆聲：「放開我，你們不夠看！」後來又一再指責，還說脫身之後一定會報復，結果被撕票；也有一名建商個性剛烈，被綁架後痛罵綁匪，挑明被釋放之後，會找黑道幫忙，並且報案追捕，結果遭到暴力對待，遍體鱗傷。

還有一個財產犯罪案例，屋主回家看見小偷，破口大罵，小偷心虛道歉後，他又繼續怒罵，導致小偷不滿，雙方肢體衝突，小偷最後拿水果刀把屋主砍成重傷。另外，有情侶晚上在公園談

心時，二名歹徒上前恐嚇，男生不怕死地和歹徒激烈衝突，歹徒出手搶走女生皮包時，他也上前追趕，還撿石頭丟歹徒，歹徒反而回頭撿起鐵條把男生的右腿打斷。這些都是「倫敦症候群」的寫照。

冷靜應變，拖延時間，降低衝突

曾有少婦被色狼跟蹤追上，因為地點很偏僻，大喊求救也沒用，於是她一直向歹徒拜託說：「家中小孩子發高燒，我急著要帶他看醫生，讓我回家吧。」看色狼不肯，少婦又說：「這裡有人會經過，如果被人發現在這裡發生關係，以後沒臉見人了！」色狼同意她的提議，到附近的空屋，熟悉地形的少婦才趁機逃跑。

又有一名熟女深夜回家，被持刀的男子拉入暗巷，企圖非禮她，她看對方年紀較小，就說：「我都可以當你阿姨了，這樣實在不好，你有需要，我給你錢去找小姐！」男子不肯，熟女不得已又藉口說，她一向嬌生慣養，所以在外面發生關係很不舒服，提議由她出錢到附近的賓館，等到賓館後，熟女趕緊喊救命，男子也被逮捕，送警查辦。

建議婦女不幸受侵害時，首先把握生存是唯一目標；其次，拉長時間與路線，爭取有利空間；臨機應變，隨環境調整應對方式；利用各種可能機會逃避現場；適度妥協與配合，降低衝突。

切記保命是第一要務

　　不幸遇到歹徒侵害，不管是搶奪、強盜、恐嚇、綁架、性侵或妨害自由，必須冷靜，審酌當時環境與狀況，採取對自己有力的對策，保命是第一要務，虛與歹徒委蛇，研判歹徒的目的、將採取的行動，再設法降低爭執、緩和氣氛，化解當下的危機，尋求下一步的應變對策，然後，趁機脫離現場或引借外力脫困，最好不要以強力對抗，或有其他肢體動作，以免生命身體遭到不可預測的危害。

校園霸凌好對象，
小個兒當自強

17

　　學校是教育園地，希望讓學生快樂學習，但學生來自不同家庭，背景、個性都有差異，同學間相處難免有磨擦與衝突；近來，校園安全與事故漸漸受到各界與媒體重視，其中霸凌事件更是關注的重點。

　　媒體指出，教育部2010年5月針對全國的國中生進行「校園生活問卷調查」，結果超過3%的學生表示當學期曾被同學毆打，按比例推估有3萬名以上學生；教育部另一項調查也顯示，有一成的國高中職生曾用肢體或言語方式霸凌同學。

壞學生才會霸凌？

　　這條新聞引發連續幾天相關新聞的報導，以及讀者來信投書，在在說明霸凌不限於所謂的壞學生，連模範生也會欺負班上

同學，而且學校記過之後沒有後續輔導，同學持續被害，只好轉學，逃避環境霸凌。

　　未成年學生身心發展未臻成熟，年輕氣盛，克制力不足，比較衝動，對於不喜歡、有意見或稍有磨擦的同學，容易毆打欺負；也有動機不良者，想對家庭富有、零用金充裕的同學巧取豪奪。被霸凌的同學通常身心受創，有壓力，唸不好書，不願上學，氣得家長要提告。

霸凌三大危險因子

　　校園與日常生活存有許多危險因子，常見危險因子之一是體型：在校園暴力事件中，體型高大健壯者，較少受害，而體型弱小或常單獨一人，常被作弄取笑，成為霸凌勒索的好對象。

　　第二是消費習性：熱情多禮、「阿沙力」、慷慨大方、甚至揮霍無度，容易給人多金、好說話、有錢可期待等印象，固然這種學生容易交朋友，但無形中讓自己暴露在危險情境。

　　第三是不當接觸：同學間正常互動，不致於發生霸凌事件，但接觸到犯罪習性、犯罪傾向等人，在特定時空出現，就容易有被害的危險，跟這樣的人往來，會誘發被害的方便性。

校園霸凌行為的種類

　　再談校園的霸凌行為，分為幾種：（一）人際關係的霸凌：如排擠、分化、獨占友誼關係；（二）言語的霸凌：如嘲笑、戲

弄、威脅、恐嚇；（三）肢體的霸凌：如拳打腳踢、施暴攻擊、群體暴力；（四）性霸凌：性騷擾、性調戲、性侵害；（五）財物霸凌：如勒索、奪取、明要、強分財物等。

霸凌行為大部分發生在校園，有時在校外，常在下課、午休或蹺課時進行；地點通常是廁所、偏僻處、空教室或無人經過的地方，身材比較壯的同學就出手欺負個子小的，也常見二人以上共同欺凌一人。

預防霸凌事件發生的方法

從赫胥的社會控制理論來看，學生與學校的關連鍵越強，自制力越好，相對不會欺凌同學，所以老師要預防霸凌事件發生，應充分了解學生是否喜愛學校、在乎老師印象、重視自己功課好壞以及對教育目標、學校的認同程度。

就學生本身要自我保護，除了對容易發生霸凌的時空環境提高警覺外，平日也要注意同學的言行表現，有的同學不會考慮別人想法，我行我素，喜歡表現自我風格，對人不友善，較可能會欺凌人；自我要求不高，定性不夠，不尊重他人，心中無客觀的價值觀，也缺乏高自制力，以及對自己信心不足，無人生目標等特質的人，往往不會顧及社會制約力量，也容易出現欺負同學的霸凌行為。

避免成為加害對象

　　因此，同學對於接觸對象、互動模式、相處機制及生活事務應有風險概念，選擇危險性最低的方式生活，盡量防避自己變成加害者容易鎖定的目標。

　　在校園霸凌事件中，有的學生會一再被害，成為重覆被害人，老師與家長應了解原因，是否因為個性衝動、表達能力又不佳，所以成為同學作弄對象，這時就要告誡他們減少與其他同學接近或衝突；常被勒索錢財的同學，則提醒家長不要給太多零用錢；弱智但發育較成熟的女生，容易被性騷擾，師長應協調同學結伴同行，減少危險情境。

霸凌行為該當何罪？

　　霸凌行為，涉及傷害罪、恐嚇安全罪、強制罪、剝奪自由罪等，如有財務索取行為，另涉嫌恐嚇取財、搶奪、強盜等罪，由於校園霸凌的同學，常是未滿18歲的少年，所以行為縱然未構成犯罪，也有可能是虞犯行為，也列入少年保護事件審理，有時被裁定安置輔導，學校老師、家長等應向少年好好說明，以免犯刑章，留下人生汙點。

法學櫥窗 安置輔導

少年保護事件，經少年法庭審理結果，採取訓誡、假日生活輔導等保護管束、安置輔導以及感化教育等保護處分。

少年法庭法官會裁定安置輔導，係根據少年犯罪類型，偏差行為的輕重、家庭功能強弱，以及少年個人特質等，並參擇少年原生功能不佳，偏差行為不輕，少年個別需要由適當的輔導機構督促輔導。

少年犯因心智在成長發展中，具有極高的可塑性，不宜進入司法執行系統，希望藉由輔導予以矯治，調整其錯誤觀念，少年事件處理法已改採「以教育代替處罰」、「以輔導代替管訓」精神，於修法時，特增加「安置輔導」處遇措施，具有司法轉向性質。

目前安置機構不多，部分兼辦其他輔導工作，所接受對象也不限少年犯，以致成效不盡理想，部分機構以各種限制規範形同拘禁少年，與立法原意有相當落差。

電影爆紅，校園染黑

18

　　2010年春節檔期上映的電影《艋舺》，票房刷新紀錄，再次炒熱國片市場，不過也產生一些效應，例如有校園火拚事件的當事人說一起看過這部電影，而他們所做所為就是電影中的「義氣相挺」的表現。

　　教育人士不禁搖頭，紛紛提醒青年學子：「那是電影，不是真實人生」、「那是虛擬的，不是社會生活」。

青少年缺乏引導，易造成價值錯亂

　　由此可見，學校和家長不能忽略黑色文化電影對年輕人的影響，因為校園裡的孩子們可能對片中主角產生景仰，把電影情節搬到現實中重演，模仿他們講黑話、做黑事、霸凌、打群架、占地盤、收保護費、形成黑幫……等等，有時還以為這才是酷，這才是流行。

　　雖然，電影可能做了一個壞人得到懲罰的收尾，但是在劇情發展過程中，壞人大部分時間看起來都很風光，在年輕的觀眾心裡早就烙下深刻印象；短暫的片尾交代並不會對他們產生警惕作用，甚至誤會，這位男主角一路風風光光，我當如此，明顯造成價值的錯亂。

　　學生家長和老師除了要了解這些黑色文化電影的情節，從旁指導或進行機會教育，也要注意某些少年犯罪的事前徵候，比如晚歸、很會花錢，注意他們往來的朋友，加上理性溝通，花時間陪小孩成長，引導學生走正途。

　　從統計數據來看，近年少年犯罪案件其實有逐年下降的情況，但是社會仍普遍感覺到一股惡化的趨勢，原因就在於近來少年犯罪出現「成年犯罪化」、「行為惡質化」、「享樂墮落化」等三大特性，所以問題不在量多，而是質變的嚴重性。

「虞犯行為」的概念

　　法律上，少年犯罪有二類，一種是跟成年人一樣的犯罪行為，但大部分是另一種還沒到達犯罪程度的「虞犯行為」（換句話說，若是成年人所為，則不算犯罪的行為）——包括經常逃家逃學、經常出入「不當場所」（成年人可以去但少年不能去的地方）、經常跟有犯罪習性的人交往（所謂「經常」是指三次以上）或參加不良組織、無正當理由拿刀帶槍……等七種行為（詳見少年事件處理法）。

師長應及時伸出援手，導正不良行為

在還沒有犯罪行為之前，少年的不當行為可以依情節輕重分成問題行為、偏差行為、不良行為等階段。在問題與偏差階段，老師與家長應各盡其責，相互多加聯繫與溝通，採取有利的管教措施，導正少年錯誤的言行。

如有不良行為（依照少年不良行為及虞犯預防行為所訂，有十幾項之多），例如與有犯罪習性的人來往、逃學逃家、對父母老師施暴、調戲他人、跟追他人、吸菸和嚼檳榔、無照駕駛等，就要有警察介入處理，包括注意勸導、檢查、盤詰、和學校等聯合巡邏，請少年輔導委員會妥善輔導。

教唆少年犯罪，成人罪加一等

在社會案例中，常見有成年人利用少年血氣方剛、判斷力不足、容易受鼓動的特性，灌輸他們年齡輕、責任也輕的錯誤觀念，誘引少年走上犯罪歧途，自以為不出面就不易被查覺，而且不親自動手所以責任也不重，事實不然；法律特別規定，成年人教唆、幫助或利用少年犯罪或一起犯罪，依少年所犯的罪，加重其二分之一刑責（見少年事件處理法）；例如，把人打成重傷，依重傷罪處5年以上、12年以下徒刑，可以加重到7年以上、18年以下的徒刑。

觀察徵兆，防患未然

　　校園染黑，必需及早處理，尤其是一些少年有先期徵兆，如不喜歡上學上課、喜愛參與社區廟會活動、從事民俗類表演、與有不良習性之人密切交往等等，應有效處理，更應與家長充分聯繫合作，教導家長如何管教子女，防範同學成為中輟生，並積極輔導同學不良言行，努力做價值重建輔導，矯正其惡習，讓他回歸正常學生生活。

法律基地

1.少年事件處理法第2條

2.少年事件處理法第3條

3.少年事件處理法第27條

4.少年事件處理法第42條

5.少年事件處理法第84條

6.少年事件處理法第85條

7.少年不良行為及虞犯預防辦法第2條

8.少年不良行為及虞犯預防辦法第3條

9.少年不良行為及虞犯預防辦法第6條

10.少年不良行為及虞犯預防辦法第12條

老師罰學生，問題多多

19

有一天，我在車站碰到一位認識的公務員，他神色匆忙，說要趕去醫院，因為他的小孩被老師打了一巴掌，耳膜破裂。

類似的新聞經常出現——有音樂老師發現學生沒帶課本，一怒之下推了學生，學生撞到桌椅，頭破血流；一名數學老師罰學生跑操場，事後忘記，後來有人通知說學生已經昏倒在操場上；班級導師罰學生青蛙跳，罰到醫生診斷出學生腳變形；有國文老師拿出藤條，連續打沒寫作業的學生手心四百下，以致學生的小手腫得像「麵龜」（台語）；代課老師因學生愛講話，叫他蹲在椅子上，含奶嘴上課，結果不小心摔倒在地受傷；蹺課的學生向老師頂嘴，老師罰他高舉座椅……。

體罰屬不當管教，施行體罰要記過

在台灣，體罰屬於「不當管教」範圍；教育部曾規定，教師體罰或以言語羞辱學生，要記過處罰。

事實上，老師對學生的體罰在全世界幾乎都不被允許，從亞洲的台灣、中國大陸、香港、日本、南韓、泰國，以及加拿大、紐西蘭、瑞典、丹麥、挪威、德國到南非都是，以色列更禁止家長體罰。

猶記得，以前我在法務部服務時，教育圈人士曾經提出「打手心只是『暫時性的疼痛』的做法，不算體罰」，一度引起軒然大波，外界不以為然。

就算不體罰，羞辱學生也不行

其實，就算不體罰，羞辱學生也不行。我以前經過台中市一條街道，某國中大門前站了一排學生，每個學生都高舉牌子，牌子上寫：「我不該遲到」、「我下次不敢遲到」，原來是學校老師為了給學生警惕，所以出此「上策」。

新聞也報導過，一名學生偷瞄窗外的女學生課外活動，老師反而叫他到女學生班前罰看，「看個夠！」讓學生感到羞愧；還有訓導主任巡視學生午休，看到有學生大聲吵鬧，出口喝斥：「你們都是豬啊？就算是豬也會睡午覺！」；學生考試成績不理想，老師將試卷丟到地上，叫學生「爬」去撿……。

這些教訓學生的方式都可能涉及公然侮辱。曾有一名學生連續幾天遲到，被老師揶揄為「遲到大王」，家長不滿告到法院，說老師「公然侮辱」，檢察官很快就對老師提起公訴。所以，老師管教學生時真要注意法律問題。

「不當管教」分六大類別

　　有學者將「不當管教」依性質分為幾個類別：（一）羞辱性的管教，如掛牌遊行、學狗叫；（二）限制自由，如罰站、放學留校、關禁閉；（三）強制做學生不喜歡的事，如罰掃廁所、抄課文、跑操場；（四）讓身體疼痛，如打或踢、罰跪罰蹲、禁止喝水或吃飯、上廁所；（五）剝奪權利，如下課不准玩耍、不能和同學交談；（六）扣留財物，如把學生的玩具扣留在教師辦公室。

　　為人師表者，其實也怕被扣上體罰或不當管教的「帽子」而吃上官司，形成索性不約束學生的現象。

　　舉一例，有校長查堂，看到教數學的老師不管教秩序，就約談老師，沒料到老師回應：「多管，家長會理論，還會被告」。這實在沒必要，外界也會認為老師不盡責。

教師應多充實輔導知能，學習管教技巧

　　教育是種神聖工作，家長、學生應充分尊重，平時老師除要有教師專業外，也要多充實自己輔導知能，也要學習管教的技巧，教育當局也應該多開課，多辦研討會，講解管教法律界線、管教輔導知能，老師也多多交換心得，分享經驗，讓老師有專業、有能力，更有尊嚴，做到得心應手的管教程度。

懲戒權與特別權力關係

有人認為，父母對子女有懲戒權，可以對小孩做出必要、合理的體罰，應由家長委託給老師執行；但這在法理上有問題，因為懲戒權是專屬權，不能委託他人行使。

另有人認為，可從《教師法》或《教育基本法》，看出老師有教育自主權，本於專業可以管教學生；從教育和輔導的理念來看，有其根據。

其實，行政法上的特別權力關係，也可以適用老師和學生的權利與義務。基本上，就像公務員與國家有特別關係，學生與學校之間也有，學校可以訂校規來管理學生，學生有遵守義務，而老師對學生有較優越的地位、有教育導正行為的權力，學生有概括接受的義務。只是在管教、輔導、訓練學生時，須注意必要性及合理性。

法學櫥窗 **特別權力關係**

特別權力關係，又稱為特別服從關係，指國家或公共團體等基於特別的法律原因，在一定範圍內，對相對人有概括的命令強制的權力，另一方面相對人只有服從義務。

傳統上認為軍人、公務員與國家之間、學生與公立學校、受刑人與監獄、特許企業與國家，屬於特別權力關係的範圍。

傳統特別權力關係於19世紀發源於德國，最典型的內涵為：當事人地位不對等、有概括命令權、相對人義務不確定性、有特別規則存在、對違反義務得以施以懲戒、爭議不得提起司法爭訟等，因其涉及公平性與合憲性，第二次世界大戰以後，受到諸多嚴厲批判及修正，現已逐漸調整。我國大法官已有多次解釋（釋字第187、201、298、323、338、382、430號），允許得以提起行政訴訟。

第 三 部

權益保全

20 買賣講誠信，保護消費者

21 靈異屋不要來，契約寫明白

22 出租房子沒書面，請神容易送神難

23 房東房客過招，各有所本

24 休閒旅遊沒有法律假期

25 看清商品標示，用的吃的才安心

26 商標爭訟，家族明算帳

27 公開資訊VS.個資保護，兩全其美

28 談賠償，過失相抵好技巧

買賣講誠信，保護消費者

20

現代人的交易已普遍習慣使用契約書，文字內容相當豐富完整，而且怕對方不負履行責任，約定更是詳細。其實法律有一簡單的信念，就是誠信原則，不管是行使權利，或是履行義務，都必須依照誠實及信用方法行事。

中國人傳統上將誠信原則奉為商場上遵守的圭臬，法律上則將其列為帝王條款。我國法律已明確規範，買賣交易講究誠信原則，賣方如果沒有依照買賣契約的內容、品質、方式或時間履行契約，買方可以要求賠償損害、解除契約等，可以說是「消費者至上」觀念的具體表現。

商品有瑕疵，可退換求償

例如：小丸子買到內頁破損的書，顯然有瑕疵，可以理直氣壯要求書商換新書；小桃子的媽媽買了一件禦寒的羊毛衣，結果發現是一點也不保暖的合成材質，沒有通常效用，可以要求店家

退費；小李子的爺爺指定買一斤六千元的梨山茶，結果茶商給的是一斤才八百元的普通茶葉，價值不符，理當可以向茶商求償。

商品上游供應商，要負連帶責任

消費者買到有瑕疵的商品，不止販賣者有責任，這個責任還會延伸（追究）到與消費者沒有直接契約關係的產品上游供應商，如商品設計者、商品製造者和商品輸入者（進口商）；企業主要減輕責任，還得負責舉證。

這是因為設計、生產和製造商有義務確保商品沒有安全、衛生上的危險，如果有危害的可能，則必須有明顯的警告標示或緊急處理方法，進口商就算無過失也要負責，而經銷商例如零售店、超商、量販店和百貨公司等，也要負連帶責任。

不是花錢的消費行為，一樣受保障

法律保護消費者權益，並不限於花費的消費行為；也就是說，除了付費取得產品行為（包括買賣、仲介、承攬、運送、點光明燈等），像免費取得產品行為（如負責促銷、義診、來賓禮等）以及使用的消費行為（如搭捷運跌倒、買屋後入住……等例），都存在保護弱者的概念。

定型化契約，不一定有效

另外，有些商品和服務屬於定型化契約，是由企業單方面

預先擬定的條款，消費者沒得商量，只能選擇接受或不接受，像是預售屋、汽車分期買賣、保險、銀行貸款契約、火車票或機車等（包括書面、牌示、看板、網路、廣告氣球和價目表等形式都算）。

雖然定型化契約看似一面倒向企業主，但仍要依照互惠平等、誠信以及合法等三大原則來判定，否則如有店家貼告示寫著「貨物既出，概不負責」，或者要求消費者違約時要負起不相當的責任，例如要求非消費者所能控制的風險、規定搜身防賊等，也都是無效的法律行為。

推銷、郵購買賣，也適用誠信原則

在此還要注意的是，現在很流行的訪問推銷買賣、郵購買賣，也適用誠信原則，而且消費者突然接到廠商寄來的商品（書籍、電器用品等），因為不是消費者預約或訂貨的，可以不負保管義務，處理過程中也可引用誠信觀念。

法律基地

1.民法第148條

2.消費者保護法第7～9條

3.消費者保護法第11～15條

4.消費者保護法第18、21條

5.消費者保護法第22條

靈異屋不要來，契約寫明白
21

　　電視節目上常有名人大談房地產投資術，透露一般投資客都希望短期回報，但聽說有投資客因為資金充裕，另類思考，專門購買凶宅，目的是等十年、二十年後有都市更新計畫，到時候報酬率就可以翻好幾倍。不過，這畢竟是投資，如果要自住，一定不希望買到凶宅。

隱瞞凶宅事實，屋主算詐欺

　　曾有新聞報導，某屋主故意出售凶宅，買方住進去之後，常覺得有人在耳邊講話，莫名毛骨悚然，打聽之下才知道曾有人在屋內自殺，因此認為賣方有意詐騙，買賣有瑕疵，訴請退屋。賣方反過來指責買方「神經過敏」。但由於契約有註明不是凶宅，所以賣方被依詐欺罪，判八個月徒刑，倒賠價差86萬元。

　　還有某電器商出租豪宅當包租公，沒想到有房客輕生自殺，讓豪宅變成凶宅，房價一夕下滑。最後，這個屋主告上法院，法官判定是房客生前的侵權行為造成房價低落，判房客的父母賠償279萬元。

凶宅的定義

　　一般來說，凶宅指的是曾經發生凶殺或自殺致死等非自然死亡事件的房子，例如發生逆子打死老母再把遺體丟到屋後空地、在屋外喝了農藥被抱進屋內死亡、流浪漢在屋裡陳屍多日、在屋內喝農藥或上吊、爸爸帶子女在屋內燒炭自殺、在浴室溺斃、服食過量毒品猝死等命案。如果是家中有人自然往生，並不能說房子是凶宅。

　　當媒體報導屋主從高樓墜地身亡，是否為凶宅，可能有不同解讀，如屋主是有意自殺，從上跳樓而死亡，未來整棟大樓，將因被質疑為凶宅以致屋價受到影響。

　　另外，凶宅的糾紛起因如果屬於設靈堂治喪，或者有鬼屋傳言、有人惡作劇送棺材或弔祭品、感覺有靈異現象、發生鬼壓床或鬼來電等等，往往涉及個人主觀感覺或直覺反應，在欠缺積極證據之下，判定上也不會認為賣方出手的就是凶宅。

房屋契約要註明「物的瑕疵擔保」

由於凶宅容易讓人覺得住起來怪怪的，事關安全和安寧，因此房子的買賣契約上記得要載明「賣方保證非凶宅」的字眼，法律上這叫做「物的瑕疵擔保」，讓買到凶宅、靈異屋的人，可以依這種瑕疵擔保來解除契約或申請損害賠償、減少價金等。也有很多人怕買到海砂屋與輻射屋，可以依相同原則處理，在買賣契約上記明「保證不是海砂屋」，最好再要求對方提出非海砂、輻射鋼筋的證明文件。

至於買到凶宅是否可以順利解約，要看幾個關鍵而定——對房價有無負面影響、社會大眾是否因此產生嫌惡或恐懼的心理、是否已經影響一般人的購買意願、明顯不適合讓人居住等。

避免買到凶宅，買屋前先打聽

事實上，與其等到發生凶宅糾紛，費了九牛二虎之力才能解約，不如事先避免買到凶宅。像現在網路很發達，還有所謂的凶宅網可以查詢（但要注意資訊的真實性），一般來說，可以先向警局（派出所）打聽；技巧性地試探左鄰右舍、村里鄰長、管理員的口風；或花錢請人徵信；了解賣價是否低於市價過多等等。

再者，如果房子很有品味但長期乏人問津、屋內（曾經）貼滿符咒或吉祥物，又如有某房間乾淨異常，與隔鄰房間之汙黑不堪不成比例；再如屋主願意一再降價，違背常情常理等等，也可以合理懷疑是凶宅。

瑕疵擔保

　　瑕疵擔保是指在交易過程必須擔保所交付之物品沒有瑕疵（缺陷）存在，這是法律的責任，主要在講買賣，事實上互易、贈與、承攬也有規定。

　　瑕疵擔保責任有下列二種：

　　（1）物的瑕疵擔保責任：指存在於物的缺點而言。凡依通常交易觀念，或依當事人的決定，認為物應具備的價值或品質而不具備都是，例如汽車排檔有問題、房屋有壁癌、食物發霉、書本缺頁、燈具不亮、音響有雜音、鬧鐘不會響、西裝有破洞、門鎖不能打開……等，範圍非常廣泛。以買賣而言，買主可依要求出賣人更改沒有瑕疵物品，或減少價金，或解除契約，或損害賠償。

　　（2）權利的瑕疵擔保責任：指權利完整無缺點，與契約約定符合，包括出賣人將買賣標的物之財產之一部分或全部，移轉於買受人時，權利確實存在，不得有第三人主張有何權利，又動產也有所有權、質權、留置權等，出賣人有義務在買賣時，不能出現這些權利的問題；不動產所衍生之抵押權、永佃權、地役權等也沒有瑕疵。

　　在此要特別提醒大家，買法拍屋時，法院只對權利部分負

瑕疵擔保責任，不負物的瑕疵擔保責任，法院在拍賣公告上，也會註明。因之買到的房屋漏水、有壁癌、缺馬桶、水管破裂、屋頂塌陷……等，拍定人要自己承擔風險。

1.民法第349～355條
2.民法第359、361條
3.民法第364條
4.強制執行法第69條
5.刑法第339條

出租房子沒書面，
請神容易送神難

22

　　租房子這件事其實只要雙方（出租人和承租人）同意就成立，並不用訂書面契約；但是，以出租人（房東）的風險角度來說，把房子租給別人時，如果沒有訂書面契約，想要求承租人（房客）搬家時可能會「請神容易，送神難」。

　　舉個例子，黃小姐向舊識蕭先生租房子，說好租四年，後來蕭先生把房子賣給賴先生，賴先生竟以沒有租約為理由，要求黃小姐搬家。黃小姐請求給予寬限期，遭賴先生拒絕，她後悔沒有訂約才受這窩囊氣。

買賣不破租賃，換房東不必換房客

　　後來經法律專家說明，黃小姐才知道，事實上「買賣不破租賃」，也就是說，就算原房東轉讓房子所有權給新房東，原租約仍然繼續存在（民法第425條），換房東不必換房客。另外，還有

一個關鍵是，未訂書面契約屬於不定期租賃契約，在法律保護經濟弱勢（房客）的精神下，賴先生也沒有理由要求她搬家。

不定期租賃契約，一旦成立便難收回

成立不定期租賃契約，有幾種情形：一是租賃契約成立時未約定期限；二是不動產租賃契約，期限超過　年，而未立字據（書面契約）者，強制規定為不定期限的租賃（民法第422條）；第三種是期滿時，房東對房客繼續使用房屋而不立即表示反對的情況下繼續租，就形成不定期租賃契約（民法第451條）。

不定期租賃契約下，要收回相當困難，除非是房東收回自住或營業、重建、房客轉租、扣掉押金之後房客仍積欠房租二個月以上、房客損害房子或附屬物卻不補償，以及其他違法使用，才有理由收回（土地法第100條）。

房東想收回房子，法律上以必要性評斷

法律上的判斷標準是在於收回房子的必要性，包括房東收回自住或營業的必要性，像收回房子自己營業可以，但與別人共同經營事業就不可；以重建理由收回房屋，並不包括修繕在內，而且要依客觀標準來判斷是否確有改建的必要，比如危樓、梁柱腐朽、即將塌陷、有立即危險，一般會需要經建築師、結構師等專家鑑定，不是由房東自己判定。

租房有收取「代價」，收回房子很困難

另外提醒，有些人可能只是把房子暫借給親友住，想收回房子時卻趕也趕不走，這時候，判斷的標準在於究竟有沒有收取「代價」——純粹只是借他（使用借貸），還是收了他的代價（房屋租賃）？

上面所謂的「代價」不一定叫做「租金」，可能是一些有現金價值的物品，包括外幣、茶葉、現金、其他財物，或者由「免費借住」的房客自行負擔房屋稅、管理費、修繕費等。

由於是借房子給親友住，有特殊原因和關係，一般來說不會約定借住期限，又因為有上述「代價」存在，所以很容易被認定是租賃，而且一旦形成不定期租賃契約，要收回房子難如登天。

所以說，要借房子給別人住，就好人做到底，統統免費，但建議要事先講好借用期限。

書面契約及押金，保障房東權益

此外，出租房子要注意訂立書面契約，並注意訂明「期滿後不續約」或「續租時另訂契約」，而且在契約屆滿前立即口頭請他人轉達，或以郵局存證信函通知承租人不再續租，以阻斷未來發生不定期租賃的風險。另外，出租房屋，會收取押租金，以擔保租金或損害賠償，金額越高，保障效果越大。

房客要求寬限租期，小心變成不定期租約

當房東表示不續租時，有些房客會請求寬限期，不過，請注意這段「恩惠期」是否會讓定期租約被延伸解讀為不定期租約，到時候房東就麻煩了。如果表示不續租之後，房東又繼續收取了一些等同租金的代價，應強調是這期間的「不當得利金」或「損害金」，避免造成不定期租約而後患無窮。

法學櫥窗　要物契約

契約是當事人雙方意思表示一致而成立，所以以要約與承諾二個意思表示合致，即可成立契約（有時稱為合約），例如一個要買，一個要賣，就成立買賣；一個要出租，一個要承租，成立租賃。

要物契約的成立，在民法上較為少數，如使用借貸契約（向他人借房居住、借用轎車行駛、借用衣服來穿、借用電腦……），又如消費借貸（向銀行借貸、向親友借錢），又如寄託（將物品託人保管），都必須將約定的物品交付才成立，否則沒有償還該物品的義務。又押租金也是要物契約，需交付押租金才成立。

目前常見的契約，如買賣、租賃、僱傭、承攬、運送、保險……等契約，都不是要物契約，只要雙方點頭表示意思一致就成立，又稱為「諾成契約」。

法律基地

1.民法第421條

2.民法第422條

3.民法第425條

4.民法第425條之1

5.民法第426條之1

6.民法第451條

7.民法第464條

8.民法第472條

9.土地法第100條

10.土地法第101條

11.土地法第103條

12.土地法第105條

房東房客過招，各有所本

23

　　多年來，我在演講、餐會、公共場合，常碰到民眾請教解決惡房客的問題，情節五花八門，大多是房客突然搬走，不告知去處，而且在房間留下一大堆雜物、傢俱等物；或是拒付房租，任催不理，有時還擺爛，說：「人肉鹹鹹，你要怎樣？」有人還會討人情：「已經租了三年，租金收了三、四十萬元，欠點小錢就催，真沒肚量！」有的則租期屆滿還賴著不走，揚言：「不怕告，有本事就趕我走好了！」簡直令房東氣炸。

　　其實，房東只要與房客訂立明確的書面契約，不管是屆期不想續約，或房客有積欠相當金額的房租等重大缺失時，都可以終止租約。但是總有素質不佳的房客硬是不搬家，或人走了卻留下雜物，或要賴不付租金，也聯絡不上，令人相當困擾。但也不必灰心，法律上有幾個預防的辦法，讓房東解決困擾。

房屋租賃契約最好公證，收取押租金當做擔保金

首先，房屋租賃契約最好公證，除法院公證之外，現在也有民間公證人公證，只要公證過的租賃契約，上面會載明：房客應於租期屆滿時，交還房屋，否則應逕受強制執行等字樣；屆時如遇租期期滿房客卻不搬遷的情況，不必訴訟就可以直接請法院強制執行，方便省事，更減少窩囊氣。

再者，為擔保後續收得到租金，有人將大坪數的樓房或整棟大樓租與承租人，乃要求房客提供房地產設定最高限額抵押權，擔保高額租金、違約金等債權。一般來說房東大都會跟房客收取一定的押金當做擔保金，並在契約中明訂押租金的用途，同意房東可以從押租金中扣抵房租，避免發生房客遲繳或不繳房租時產生的損害。

房客物品不搬離，租約寫明怎處理

如果房客撤走時留下一堆爛雜物，不論有意或來不及清理，都是困擾的事情，為防杜爭議，記得要在租約中寫明，租期屆滿後，房客的東西「如果不處理，視為廢棄物，任由房東處置」等文字；最好再進一步載明「房客未經房東同意擅自離去，或自行撤離，或終止、解除契約後，所留物品於某期間（如15日、30日）內不予搬離，視為不要的廢雜物，同意房東自行處置」。

另外要注意，如果房屋出售轉讓，新房東可向原房東請求交付原來的押租金，而房客則應向原房東要回押租金，或者請原房

東將押租金交給新房東。

常看到房客突然離去，等於終止租約，但也不知如何處理的情況。這可以聲請法院准予用「公示送達」做為終止租約意思表示的通知（民法第97條）。不知房客住哪兒時，由房客最後住所地的法院管轄處理（非訟事件法第66條），經法院核准後，登報紙廣告就可以做成「公示送達」。

同時，為免房客找碴，對於房客不告而別或期滿離開而遺留的雜物，可以商請村里長、管區警員、左鄰右舍見證處理，並且拍照存證。

相對的，房客也有權利防堵惡房東，最常見的像是房子附屬物損壞，如電燈不亮、牆面掉漆或出現壁癌、門窗斷裂、水管不通等等需要修繕，除非特別規定，一般由房東負責，如果房東不修，房客有權催促，否則可以終止契約；或先自行處理後，再向房東要求償還費用，並且可從租金中扣除。

房東不能隨意調漲租金，租約不因房東更換而終止

當租金行情上漲時，房東也不能隨意調漲租金，約定一年的租約，一年內的租金就要照契約上的金額來收，若沒有例外都是期滿後大家商量再調整。至於不定期租約，可聲請法院增減租金。

還有一個「租賃破買賣」（民法第425條）的原則，就算房東把房子轉賣給別人，原租約還是繼續有效，不因房東更換而終

止，這是法律對於屬於經濟弱勢的一方（房客）的特別保障，所以有人以為要趕房客走，將房屋出賣或暫時過戶他人就可辦到，這是錯誤的觀念。

法學櫥窗 最高限額抵押

一般抵押權都是定額設定抵押，指擔保一筆債務，例如房貸借多少設定多少抵押多少，400萬元登記為400萬元、1,200萬就登記為1,200萬的抵押權，但是最高限額抵押是不同的。

最高限額抵押權，指設定一定金額擔保債權，包括房貸、貨款、借款、租金等，如同一般抵押權登記，揭示登記最高額度為多少，並未確定確實金額，例如甲常向乙調現，每次借款就辦抵押權登記，很麻煩，乾脆登記為最高限額抵押，在雙方同意下，以某最高額度如1,500萬元為準，依需要調錢周轉；又如代理某電子產品，不易確定實際進貨金額，設定最高限額為5,000萬元，設定在此額度下進貨，現在這種方式方便實用。

民法第881之1條第二項規定：最高限額抵押權所擔保的債權，已由一定法律關係所生的債權，或基於票據所生的權利為限。所稱一定法律關係，例如買賣、侵權行為，包括現有及將來可能發生的債權，及因繼續性法律關係所生債權；換言之，最高限額抵押權擔保範圍限於原債權、利息、遲延利息、違約及實行抵押權的費用。

法律基地

1.民法第97條

2.民法第421條

3.民法第422條

4.民法第423條

5.民法第424條

6.民法第425條

7.民法第429條

8.民法第430條

9.民法第431條

10.民法第437條

11.民法第442條

12.非訟事件法第66條

13.公證法第13條

休閒旅遊沒有法律假期

24

現有法律制度下，消費者最大，有缺陷的商品和服務都可以索賠，法院和主管機關都採用有利消費者解釋的原則。像大家在春節期間免不了在外吃喝玩樂，所購買的各種商品、服務，若發生衛生或安全等問題，廠商大概免不了責任。

提供安全環境，保障人身安全

以消費安全的層面來說，像我們到私人經營的遊樂園使用遊樂器材而受傷，或因為投宿的飯店地板太滑而跌倒，經營者幫忙打一一九專線叫救護車，我們常會認為是經營者好意而感動不已，但法律上他們理當如此，因為他們有責任提供顧客一個安全環境。

假如民眾使用的是公共設施，例如去爬山，結果發生意外而摔斷了腿，即使政府沒有在這個天然環境中設置健行步道、欄杆等「人工設施」，摔斷腿的民眾仍然有理由申請國家賠償。關鍵

在於，政府開放或默許同意大家到那裡爬山，沒有明令禁止。

物品遺失，該由誰負責？

　　人身安全之外，還有物品安全。如果東西丟了，要由誰負責任呢？舉租賃契約為例，典型的情況就是租房子，如果房客的東西不見了，房東原則上沒有必要負責。

　　單純提供停車場供客人停車的法律關係也是如此。路邊停車場屬於租賃契約範圍，只是出租停車格，依停車時間計費，所以車輛失竊由車主自行負責。但是在此必須注意，曾有某遊樂園向旅客收取的是「車輛保管費」，法律關係轉變成寄託契約，結果旅客的高級轎車失竊，要求賠償，遊樂園請律師打官司打了好幾年，最後仍然被判賠償。

　　補充說明，住宿包括幾種契約：（一）單純提供住宿場所為租賃契約；（二）供應早餐、下午茶則為買賣契約；（三）提供服務、保管東西，則是委任契約；（四）至於寄放物品，則屬於法定的寄託契約。

　　所以，提供客人「一泊二食」外加「免費泡湯」等服務的飯店、民宿主人，責任重大。一般旅客出門旅遊度假都有攜帶行李物品的習慣，例如相機、筆記型電腦，女性也喜歡佩戴珠寶首飾來打扮；如果這些東西有毀損、遺失，旅客可以要求飯店賠償，除了颱風、地震等不可抗力因素，原則上飯店或民宿必須負責，負責對象更涵蓋與客人同行的伴侶、友人。

　　但法律講究公平，不能讓飯店責任過重，因此，客人攜帶現款、珠寶或其他貴重物品，要事先申報、說明數量以及交付保管等行為，才能主張權益；如果旅客在東西毀損、失竊後懶得通知場所主人，場所主人也可以例外不負責。有人會問，飯店如果事先拒絕為客人保管這類貴重物品呢？這個不必擔心，飯店仍要負責任。

　　但是在一般的餐廳、健身房、SPA館，消費者帶貴重物品（例如相機、音響、珠寶等）去，就要自己小心看管了，因為這一類場所主人只須對顧客攜帶的眼鏡、手機等「通常物品」負起遺失或損壞責任。

法學櫥窗　國家賠償

　　國家賠償是因公務員故意或過失的行為，或因公有的公共設施，導致人民的權利受損時，可向國家請求賠償的制度，分析它的賠償類型如下：

（1）公務員於執行職務行使公權力時，致損害人民權益。

（2）公務員怠於執行職務致損害人民權益。

（3）公有公共設施設置或管理有欠缺，致損害人民權益。

（4）受委託行使公權力的團體或個人，其執行職務的
人於行使公權力時，不法侵害人民權利者。

（5）其他公法人（如農田水利會）。

被害人要求國家賠償須向公務員、或公有公共設施所屬
機關、或公法人請求，其程序要先申請國賠，與公務單位
等協議，如協議不成，或受理機關遲不處理（逾60日），
才可向法院提起訴訟。

歷年來獲得國家賠償的事例中，林林總總，例如因為路
上有坑洞而跌傷、落石擊中車輛與路人、鄉公所未捕捉野
狗而咬死人、遊覽車被火車撞擊、民眾遭鎮暴警察打傷、
禁泳區溺斃、籃球架倒塌、921地震大樓倒塌致死、行道
樹壓毀汽車等。

法律基地　　1.民法第184條

2.民法第191條

3.民法第421條

4.民法第606條

5.民法第607條

6.民法第608條

7.民法第609條

8.國家賠償法第2、3、14條

看清商品標示，
用的吃的才安心

25

最近鬧得沸沸揚揚的黑心起雲劑添加塑化劑DEHP，摻雜或使用在許多食品飲料內，如果汁、果凍、果醬、運動飲料、健康食品、感冒糖漿等，成為史上最大的塑化劑汙染食品事件，引起眾多消費者驚恐，擔心食用後是否會導致不孕、致癌等副作用，傷害健康。有心人士去查閱塑化劑標示，結果，不是沒有列出，就是空白。

商品標示不清，小心有詐

曾有酒國英雄買進半打洋酒，外包裝標示為進口好酒，但越喝越不對勁，酒色不好、口感不同，他向店家提出質疑，獲得店家保證是從高雄港進口。有天看到電視查到大批假酒，是從蘇澳出口，高雄上岸，原來所謂的「進口」是這樣的「走私進口」。

某甲在超商購買肉鬆，被眼尖的兒子發現那包肉鬆竟然是

「未來食品」，包裝上印的生產日期遠在二個月後，令人啼笑皆非。向超商理論，找來生產工廠，再三道歉說是機器電腦把日期弄錯，真是千怪萬怪，怪到不會講話的死電腦上。

有位病患聽病友介紹，買進藻類營養補充品，每天服用，結果氣色越來越差，一經檢查肝腎都出問題，不得不洗腎，竟洗出綠色血液而非紅色血液，原因是血中含有多種重金屬，引發重金屬中毒，終身必須洗腎。家屬找出瓶子標示一看，上面重金屬欄居然標示為零。

常說抄襲仿製他人產品為「山寨版」，像砂糖包裝得像台糖、糖果透明紙設計如知名品牌……，現在連電器類也有山寨版。某乙買到一台價格低廉的除溼機，使用一個月後，突然起火，所幸立即滅火，檢視標示牌，竟標示為外國產品。

茶葉已成國人必需品，市面上包裝千百種，各有特色，但是原產地為台灣或國外？是台灣何地種植，常常忽略不印，讓消費者無法從包裝上之標示看出實際產地。我就常向朋友說，不要被盒上梨山茶、大禹嶺茶、碧螺春茶……等標示騙了，曾有觀光客在茶葉產地買到一斤1萬8,000元的高檔茶葉，沖泡後沒有什麼特色，內行人一喝就知道是國外進口，成本可能只有280元。

注意標示的成分，充分了解副作用

這些案例讓我們驚覺到，買東西時，要先核對品目沒錯才買；買回來以後，要閱讀標示與用法；要吃進肚子的東西，尤其

應看清標示的成分與副作用。

有些重症病患自願當白老鼠參加人體試驗，務必要了解它的效果、治療機率、危險性等，更要注意副作用。醫院提供的藥品更需看清標示的成分、可能的副作用，以及服食應注意事項。有患者罹患攝護腺癌參加藥物臨床試驗，醫院未清楚告知嚴重副作用，病患也不了解後遺症，結果下顎骨壞死必須切除，家屬指責副作用沒說清，同意書標示不清不楚。

商品標示原本在保障消費者的健康與權利，以提升服務品質，提供最佳服務，讓使用者錢花得有價值，用得安心，也可提高廠商知名度，所以商品標示法有詳細規範。另外對於食品、健康食品、藥物、化妝品……等產品，也在專法如食品衛生管理法、健康食品管理法、藥事法、化妝品管理條例、商品檢驗法、消費者保護法等，都有特別規定，以確保商品的品質與安全。

商品標示應具備哪些內容？

商品名稱是商品標示主要內容，並應標示：（一）主要成分、原料；（二）淨重、內容、數量、量度、純度；（三）製造、保存、消費、品嘗期；（四）原產地、原產國；（五）生產、製造、代辦商，以及進口商的地址、電話；（六）檢驗人、檢驗廠商等。

至於食品類，應標示出熱量、蛋白質、鈉、碳水化合物、飽和脂肪、反式脂肪等含量；屬於特殊商品者，應標示用途、使用

方式、保存方法；有需特別警告者，要做警告的特別標示；又，商品標示應以中文為主，得以英文為輔。

現在國家訂有國家標準，有正字標記，還有ISO認證、產銷履歷認證，部分廠商還會做農藥、重金屬檢驗……等，都可以在產品上標示。標示越清楚，內容越詳細，消費者選購、選用的機率就會增加。

喜歡吃路邊攤的朋友可能要知道，主管機關曾表示沒有公司商號登記的產品，視同路邊攤，不必標示；有人開玩笑說，擺在店裡要有標示，拿去路邊賣或沒貼上公司行號就不必標示，真是大怪事。另外大家也要知道熟食不必標示，冷凍食品則要標示。

標示不清的商品，有哪些法律責任？

對於標示不全、不明、不正確的商品，到底有何責任？從民事角度來看，供應標示有問題或不詳細的產品，涉有不完全給付的問題，也可以依據瑕疵擔保責任主張保護，因此造成消費者損害的話，可以要求損害賠償。如有影射、抄襲、仿冒他人廠商或產品情事，被害廠商也得請求賠償。

對於商品標示，存心標示高品質、高檔貨或高價位產品，製造商或高知名度品牌而實際販售劣等商品，涉嫌詐欺罪（仿冒的話還有侵害商標、著作權等罪）；刑法妨害農工商罪，對於意圖欺騙他人、偽造仿造他人已登記之商標商號，或明知而販售、陳列，以及就商品之原產國、品質為虛偽標記或表示者，都有刑責

處罰規定。同時，如有偽造他人或廠商名義之行為，也會涉及偽造文書罪。

　　各級行政機關對於虛偽標識或不實標示，應嚴格取締與處罰。根據前面提到的標示管理法律，可以處以行政罰、抽查督導、要求其限期改正，可以命令停業、歇業、禁止限制與販售，也可以公告商號予以防止，動用連續處罰更可以督促廠商守法守紀，總之法寶很多，就看主關機關的魄力與智慧了。

法律基地

1.民法第227條

2.民法第227條之1

3.民法第354～364條

4.刑法第210、216條

5.刑法第253～255條

6.刑法第339條

7.商品標示法第4、6、9條

8.商品標示法第13～18條

9.消費者保護法第24條

10.食品衛生管理法第17～19條

11.健康食品衛生管理法第13～15條

12.化妝品管理條例第6、12條

13.藥事法第66、69條

商標爭訟，親兄弟明算帳

26

近年知名老品牌陸續發生商標爭訟事件，像「先麥」、「黑松」、「大同」等食品公司，上演經營權之戰，引發外界關注；多年前，中部的百年餅店「玉珍齋」，母親和兒子為了商標專用權，竟對簿公堂，子女之間也分成兩派，兄弟鬩牆；桃園的「大溪豆干」黃家，認為同行商標過於近似，向法院聲請撤銷等，例子不勝枚舉。

商標越久，知名度越高，消費者或者熟悉，或者有信心，或者產生信賴，或者有偏好，對於廠商之行銷有極大好處；又因仿冒者有民刑事責任，所以商標戰成為商場競爭的常見現象。

註冊商標要搶時效，登記範圍最好擴大

商標採註冊登記主義，有商標就要搶時效立即註冊。新聞報導，中國大陸海南省近年大力宣傳它是「國際旅遊島」，有信

心主管機關不會把「國際旅遊島」的有關商標批給任何企業或個人，但事實是，除了海南島當地有兩家公司註冊，也爆出被山東一家企業搶先註冊成功，而且涵蓋旅行社、旅行安排、旅行預訂、觀光旅遊、安排遊覽、旅行陪伴、安排遊艇旅行、旅行座位預訂、導遊等等，幾乎包括了所有的旅遊服務，因此處境十分尷尬。

搶時效註冊商標時，還應注意幾點：首先，要注意商標的類別，有關聯的行業別都要申請在內，這是以防將來事業擴張，例如從單純賣黃豆，到兼賣豆漿或豆腐，因沒有先註冊，造成將來發展困擾。其次，商標本身也要「擴張」，例如商標是「大同」，要連音近的「大統」也一起登記。因為，登記的費用並不高，在經費許可下，要畢其功於一役。還有商標的標的逐步擴張，目前以圖像為主，未來聲音影像也會納入，申請登記時要充分掌握。

協力或配合廠商在合作過程中，對於產品與品牌等相當清楚，有時也不能不防。曾有一藥品進口商，感於同類藥品日增，準備登記新商標，順口與經銷商提及，因事多繁忙，過了半年再申請去登記，沒料到已有人捷足先登，深入了解才知是經銷商用他小姨子名義去申辦，真是懊悔不已。

商標牽涉財產利益，最好明文約定

另外，從許多事件可以得知，商標爭奪戰大部分是同一個家

族自己人的財產之爭；由於商標牽涉到財產利益，業者要有「親兄弟，明算帳」的認知，最好明文約定，例如大房的子女負責研發，二房的子女就處理商標登記，以免事後互相搶「標」。

除了親戚族人，也要注意員工「窩裡反」，尤其在食品業，常見負責產製商品的師傅，雖然不是商標所有者，卻可以出走變成競爭對手，登記類似甚至相同的商標，回頭打擊「正牌」，不得不注意。很多人在中部街道上，看到了許多正牌、老牌、正宗、老牌的糕餅廣告，常摸不著頭緒到底誰才是真正創始店鋪。

公司法第18條對於公司名稱專用權有保護規定，曾有廠商將供應商的商標登記為公司名稱，害得供應商不得不繼續同意由這家廠商經銷，偏偏這個經銷商不上道，鬧得不愉快，最後不得不高價收購該公司來收尾。

智慧財產局的官方網站可供查詢，是否已有相同或類似的商標登記。既然要商標就要多注意，除了「先下手為強」，先登記先贏，只要一發現異樣，就快點寄存證信函，以免對手坐大。不過，有了商標就要快點生產商品，否則也可能被人向智財局檢舉，導致商標被依法「撤銷」。

法律基地	1.公司法第18條	4.商標法第17～19條
	2.商標法第2條	5.商標法第27～30條
	3.商標法第5條	6.商標法第61條

公開資訊VS. 個資保護，
兩全其美

27

個人資料保護法於2010年5月26日修正，2011年生效施行，由於網購、無實體店面業、電視購物、電信、百貨量販、醫院等業者，手中擁有眾多客戶資料，業者很擔心這把大刀一揮，恐搞垮公司；金融、保險業、百貨、仲介、傳銷業等需要顧客名單，也影響深遠，業界紛紛尋求因應之道，降低風險。

個資隨手可得，隱私攤在陽光下

在現今社會，個資幾乎隨手可得，有心者隨意可看，民意代表可以掌握個人身分資料、學經歷、婚姻狀況、家庭問題、收入繳稅內容、借貸數額、刷卡情形以及指紋等，幾乎讓個人隱私攤在陽光下，無所遮飾。檢調在辦案中，也查獲銀行人員竊取政治人物的刷卡資料，判刑確定；多件販賣個資集團案件，非法蒐集

與販賣的個資更是驚人，甚至有不肖公務人員也把個資賣給討債集團、詐騙集團，在在讓大眾感覺自己隨時會被賣掉，心裡有不安全感。

「知的權利」VS.「隱私權」

每年春節、端午節、中秋節等節日，衛生單位為了幫民眾的食品衛生與安全把關，常會進行抽驗，包括年貨、元宵、粽子、月餅、冰品等，並且公布結果，讓民眾放心採購、食用，也享受「知的權利」。

與「知的權利」相對的是「隱私權」。像公家機關保有很多百姓的資訊，不過，如果肺結核、愛滋病患、甚至村里民長的名單等資料外洩，就會引起相關人士的抗議。其他如車籍、納稅、就業等資料外流，也會造成當事人不舒服和不安全感。

在這個資訊快速流通的時代，資訊來源多樣化，也讓知的權利演變為道德、法律和政治上的議題，維護知的權利就像維護國家民主權，政府資訊公開法第1條就明白揭示它的精神。

知的權利不能無限擴張，涉及隱私權的不可外洩

知的權利不能無限擴張，所以目前公務機關的部分機密、國家機密等，都有相關限制，另外，司法上也有所謂的「偵查不公開」。

涉及隱私權的，比如納稅義務人的所得、納稅資料，不能

外洩;依兒童及少年福利法的規定,兒童、少年的身分、姓名不得公開;還有個人資料保護法,保護個人資料不被隨意公開或利用;檢調等單位提供少年犯的前科資料,也會構成犯罪。

新的個資法要求公私機關企業蒐集個人資料時,要向當事人告知用途,取得書面同意,在使用前,也要告知用途。

公眾人物的隱私應予以尊重

不過,隱私權固然不能外洩,但也有例外:本人書面同意、基於公益上的要求(比如年節的抽檢和稽查、主管機關公布不良廠商)、公眾人物的資訊、以及依法須公開者,仍可以公開。

以公眾人物來說,可受公評的範圍較寬,隱私相對受限,而且是基於很多原因、方式被「抖」出來,像民意代表的質詢以及官員的答覆、某些澄清資料等。所以,公眾人物的資訊公開,有自願也有非自願的,像轟動一時的藝人不雅照風波,或名人遭綁架的新聞等,被害人的資料就是非自願地被公開。但民眾應知,如與公益無關、而且個人不願意公開的事項,應該予以尊重。

至於依法須公開者,像公司登記、土地登記資料、公職人員財產申報內容,就不屬於當事人的隱私。

加強個資保密維護,捍衛個人權益

那麼,當事人又該如何維護自己的權益呢?平日注意個人資料的保存與維護,不輕易提供個人資料;其次注意存有個資的手

機、筆電要小心保管，避免遺失，送修時要求對方書立切結書。

再者，企業界要自己檢視蒐集方式、利用目的，是否依法行事，並進行檢核，找出內部可能洩漏個資的管道或人員，另外加強個資的保密維護措施，建立資訊安全系統。

若想要了解個資被蒐集、利用情形時，可以申請政府機關提供資料，要求答覆查詢，或發給複製品，且為維護個人資料正確性，可要求補充或更正，也可以要求刪除、停搜、處理及利用。如被拒絕，可以提起訴願或行政訴訟。

隱私權方面，可以事先要求政府機關不得公開，必要時聲請假處分，暫時禁止公開或提供，以及要求除去已經公開的部分。如果政府公開或提供相關資料，造成當事人的損害，可依行政訴訟法和電腦處理個人資料保護法等，請求賠償。非政府機關不法蒐集、處理、利用而損害個人權利時，也須負賠償責任。

個資法修正時，擴大保護範圍，強化主管機關權責，可以強制檢查，而且建立團體訴訟制度，還加重刑事責任，也將賠償額限制提高到2億元，負責人、代表人、管理人更有監督責任。

「知的權利」（the right to know）原本是四〇年代，美國新聞工作者發起運動，爭取非機密檔案公開而來，現在已經變成維護民主多元社會的必要機制，政府相關部門在顧及人民隱私的原則下，如何發揮資訊公開的最大功能，也就是在公益（知的權利）與私益（個人隱私）之間做好利益平衡，攸關人民的權益。

法律基地

1.政府資訊公開法第3條

2.政府資訊公開法第7條

3.政府資訊公開法第9條

4.政府資訊公開保護法第18條

5.個人資料保護法第2條

6.個人資料保護法第6條

7.個人資料保護法第7～9條

8.個人資料保護法第10～12條

9.個人資料保護法第15～17條

10.個人資料保護法第19、20條

11.個人資料保護法第22～24條

12.個人資料保護法第28、29條

13.個人資料保護法第33條

14.個人資料保護法第41～43條

15.刑法第309、310條

16.刑法第313條

17.刑法第315條之2

18.刑法第316～318條之2

談賠償，過失相抵好技巧

28

　　機車騎士S先生在路上被駕駛轎車的T先生撞倒，不治死亡，S先生的老婆憤而向法院請求T先生賠償醫藥費5萬元、喪葬費18萬元，以及兩名子女和遺腹子的扶養費用各20萬元。地方法院認為T先生開車沒有保持安全距離，因此判決T先生應賠償60萬元。但T先生不服，認為是S先生超車插隊，才導致無法保持安全距離而撞上，又再上訴。

交通事故多，肇事者有過失責任

　　這種案件在我們現代社會中幾乎天天都會發生，在警察局、地檢署和法院受理的案件中，占了相當大的比例。台灣的交通事故死亡率，每10萬人中有17.5人，是先進國家第一名，其中六成是機車事故。全台灣共約有1,440萬輛機車，換算下來，成年人幾乎人人一輛，可以說是摩托車王國；所以，走在路上看到這些飛快的「路虎」，也不得不小心一點。

車禍發生了，一般來說，肇事者都有過失責任。在刑事上，要負過失致死或過失傷害，如果肇事逃逸，依情節輕重，至少成立肇事逃逸罪，嚴重者會構成遺棄（致死）罪。民事上，要負的是侵權行為損害賠償責任；民事的損害賠償，又包括財產上的損害以及非財產上的損害。

財產損害的賠償

依財產上的損害，可請求醫療費用、殯喪費用、扶養費用，以及「生活上因此增加的支出」（比如因車禍而殘廢，必須購買輪椅，還要請特別看護來照護、外籍傭人來做家事等），還有「減少或喪失勞動能力的損害」（比如，原先收入很高，但車禍後無法工作，沒有收入；或休養期間不能工作，損失工資；或是沒辦法再顧店、招呼客人而減少收入等）；最近法院有幾個醫療糾紛與工程師車禍受傷癱瘓殘廢的案件都判了二、三千萬元的賠償，其中最多的就是「減少、喪失勞動能力的損失」，可見，這會是一筆很可怕的數字。

至於非財產上的損害，可請求精神慰藉金，如果知道這些訣竅，還可以請求不少賠償。所以說，損害賠償的數目，跟自己對法律的認知與訴訟技巧有很大的關係。

過失相抵，減少賠償金額

不過，如果在車禍案件中知道對方也有疏忽，兩方都有錯，

就可以「過失相抵」。像 T 先生就找到 S 先生超車的小把柄（超車插隊），可以減輕自己的過失責任，少賠一點。具體來說，對方有二成過失，就可扣抵二成，只需賠八成損害，如對方有六成過失，就可抵掉六成，所以，找出對方過失，是讓我們少賠的關鍵。

過失相抵的原因有二。其一就是像 S 先生那樣，即被害人對損害（車禍）的發生或擴大也有責任。比如在大馬路旁玩耍才被車撞、停車位置超出停車格而被其他車子擦撞、在無號誌路口加速通過等。

另一種是被害人自己沒有注意（或減少）損害，比如車禍受傷後沒去看醫生、做治療，導致病情更嚴重，必須多付醫療費用，這時候如果要求並不知情的加害人賠償這筆錢，就不太合理了。

過失相抵不是只有在侵權行為損害賠償時才適用，在契約不履行、請求損害賠償時，也是可以適用的。另外損益相抵，也是同樣適用。

法學櫥窗　損益相抵

　　損益相抵是損害賠償請求權人因為同一原因事實受損害，但也受有利益，在賠償時，應將所受利益與損害相互扣抵後，計算出賠償數額（民法第216條之1），以免請求權人變成不當得利。

　　現實生活中，損益相抵的情形常常出現，例如大卡車被偷，損失營業收入，經向竊車賊要求賠償時，可以扣除該時段未營業而無需支出的汽油費；又如業主在房屋興建中，抽菸不慎將之燒毀，營造廠向業主要求給付全部工程款時，業主可以主張扣掉營造廠省下來未花用的材料費用。

　　在此要特別說明的是，請求權人如參加保險而領到保險金，因保險在保護被保險人，且由他付保險費，並不是在減輕損害事故加害人的責任，不能主張扣除請求權人所領取的保險給付金。

法律基地

1.民法第192～196條
2.民法第216條
3.民法第216條之1
4.民法第218條

第 四 部

工商經營

29 做好徵信，資本額何必設限

30 調度公司資金，記得有法律規範

31 公司治理，企業經營趨勢

32 股東董事鬧翻，法律保平安

33 肥貓眾人嫌，報酬合理化

34 董監事酬勞玄機多，防止巧立名目

35 董事會開會，魔鬼都在細節裡

36 「背信」金鐘罩，企業主難脫逃

37 經營者法律責任擋箭牌

做好徵信，資本額何必設限

29

2009年4月14日立法院三讀通過修正公司法100條和156條，公司設立不限最低資本額，一來鼓勵創業，二來也是循國際趨勢，但是外界對此感到擔心，已經陸續有人跟我提起，怕有「空頭公司」、「幽靈公司」出現，妨害市場交易秩序。

當然，這種情況不無可能，但是經濟部已經綜合企業界和各相關機關、專家學者意見，也參考過各國立法例，因此認為無須對資本額設限，代表經濟部也是對此慎重其事，而未來也應盡到監理責任。就公司法來看，早已經容許有一人公司存在，商場上對於外國的一元公司和紙上公司見怪不怪了。

依賴刑責容易掉以輕心，要提高警覺做好徵信

記得，1987年票據法修正，把空頭支票的刑責取消，當時也一度引起眾人擔憂，怕空頭支票泛濫成災。但仔細探究，過去由於大家認為對方開空頭支票會有刑責，就粗心大意，不會事前徵

信、注意票主的實際信用，反而讓不肖人士有機可乘，容易詐騙到手。取消此一刑責之後，大家就會開始提高警覺，用心了解票主的財務狀況。由此可見，取消公司設立最低資本額一事，跟當年取消空頭支票的刑責一樣，其實都無須過度擔心。

不過，在企業從事各類交易的時候，仍有幾個必要注意之處——首先應該了解公司成立的時間，是否在修正條文施行之後；其次，實際了解股東成員的信用、財務能力、商業經驗和市場風評、財務狀況，甚至經營者的人格特質，以及公司交易的方式和付款條件等。簡單來說，就是要做好徵信。把危險降到最低。

關注焦點應為董事，而非資本

由於企業貪瀆弊案的案件經常發生，使投資者與大眾對於資本、資金的關注大大提高，但不容諱言，這其實與人為因素（人謀不臧）大有關聯，與其關注錢，不如盯住人。未來這方面關注的焦點將從公司的「錢」（資本）移到「人」（董事）上。

雖然公司法第9條規定，股東未實際繳納股款、公司登記之後就把股款發還股東、任由股東收回等三種情形，都有刑事責任；但，現在公司資本額已經不設限了，還留著這個條文，其實沒有意義。再者，本條文屬行政刑罰，有特定行政目的，若公司資本的問題不是重點，那麼它的意義與功能顯然大為降低，已無規範價值。

資本不限資金，亦非現金

另外，現在很多人把公司的資本當成資金，甚至窄化它，認為是現金，但實際上，資本不限資金，亦非現金。公司法（第156條）早已修正，股東出資除了現金之外，得以對公司所有的貨幣債權，或公司所需的技術、商譽抵充，只要董事會通過即可。規範的重點在於資產總數（財產）是否合於登記額，而非以現金數為準。這也是因應商場上的需要，是新經濟活動的必然結果，對於公司的組成和營運，有活絡效果，可讓缺乏現金但有技術的人才也能參與公司，比如有光電技術或生技研發技術者加入，助公司成長。至於商譽，更可大大提高公司知名度。

又，金控公司成立並非以收足現金而設立，是用營業讓與、股份轉換方式達成，足見公司資本的概念已在改變。商業世界越競爭，資本的概念就越靈活開放，包括從有形的實體提升到無形的資產。以無形資產來說，擁有通路系統的企業，像便利商店、電視購物頻道，向客戶取收的上架費都相對較高，就是明例。

未來公司資本登記，雖非重點，但查閱公司登記相關資料時，仍應注意其實收資本額，了解資金情況，尤其在其後營運過程，公司資產有無增加，密切注意交易貨款、調借款項等等後盾實力，做好風險評估，避免成為呆帳。

法律基地

1.公司法第9條

2.公司法第13條

3.公司法第15條

4.公司法第41條第1項第5款

5.公司法第101條第1項第4款

6.公司法第145條第1項第4款

7.公司法第156條

8.公司法第174條

調度公司資金，
記得有法律規範

30

公司的「資本」、「資產」和「資金」，三者有何不同？很多人常混淆。

資本、資產、資金，三者大不同

「資本」是股東對公司出資的總額，為一定不變的數額，一般要在章程上明定，如果要變動，程序很嚴格，例如增資或減資，跟公司財產是不同的概念。「資產」則是公司的財產總額。所以，當資產大於資本，顯然公司賺錢，有盈餘；反之，資本大於資產，表示經營得不好。

至於「資金」，屬公司可運用的現金範圍，數字是動態的，會有所增減。資金的來源是資本、舉債和盈餘三者。而資金的運用，包括轉投資和借人周轉，法令上有很多限制，必須注意。

公司轉投資，不可擅自作主

舉例說，有家傳產公司的董事長，發現生意不易經營，這時候剛好有某生技公司邀他加入，他認為有「錢」景，就轉投資，成為持股四成的股東，沒想到投資失敗，導致原本公司也周轉困難，所以股東要求他賠償損害。

這個董事長請教律師，律師告訴他：「事情大條了！」因為依公司法第13條，公司要轉投資，必須是以投資為專業，或公司章程訂有投資規定，或經股東會決議同意，但這個董事長決定的投資，都不符合這些條件，所以必須賠償損失。

董事長聽了仍不放棄，再問律師是否可以由股東會事後追認？律師說，依經濟部的解釋，答案是「不可以！」不過，一旁陪同的經理腦筋轉得快，他提出，若是公司以營業權或商譽去轉投資，是否可行？律師才說，這樣就不涉及資本的變動，可以不受原來的法令限制。

擅自挪用公司財產，小心吃上背信、侵占官司

另一家企業負責人王董則在高爾夫球場上，遇到另一個也是當老闆的球友李董向他訴苦，說公司周轉出了問題，希望向他借錢。錢借出去了，用的是公司的錢。但是後來那家公司居然倒閉，也沒有還錢，所以股東也要求王董負責任。

王董抱怨說，公司之間互相借貸是商場常有的事，怎有要他一個人負責的道理？不過，股東舉出公司法第15條說明，公司的

資金要借貸，除非對象是有業務往來的公司行號，或者有短期資金融通的必要，但是王董所做的並不符合這些條件，所以要告他背信。王董才發現，如果不好好處理，恐怕吃不完兜著走。

也有人用公司的錢去放高利貸賺利息錢，自認對公司有益，自己也能抽成。後來債務人要求降息，他不肯答應，導致雙方鬧翻，事情因此被公司股東發現，認為他中飽私囊，違反公司法第15條規定，告他侵占。

現在不少公司除了本業，也會操作股票、債券、和購買新興金融商品、基金等，利用財務槓桿來操作財務，風險很大。曾有公司股東發現公司負責人購買期貨不當，結果血本無歸，要求他賠償。

所以說，公司經營者運用資金，應以充實公司資金、永續經營為本，且要注意法令的限制，否則不但有民事賠償問題；若是發行公司債，而未經申請就變更使用目的，還有刑責。

公司經營者雖有高度權力，也要思考法律約束

上面數個例子，如果因負責人個人與對方有特殊交情，僅為救火而協助對方公司，或負責人調度資金有自己盤算，最後發生虧損，股東不免懷疑有背信嫌疑。

公司經營者雖有高度權力，但也要思考法律約束，如果在公司資金的運用上，出現大量揮霍、亂買東西的現象，恐讓員工質疑沒有善盡受委任人的義務。對股東來說，公司金錢的利害關係

永遠擺在最前面，「錢，不能亂用。」當然，如果濫用權限，五鬼搬運、掏空自肥、圖利舞弊，刑事責任就跑不掉了。

法律基地

1.公司法第9條

2.公司法第13條

3.公司法第15條

4.公司法第16條

5.公司法第192條

6.公司法第193條

7.公司法第208條之1

8.刑法第336條

9.刑法第342條

公司治理・企業經營趨勢

31

近年來檢調單位辦了很多公司的舞弊掏空案，引起外界高度關注，而這些案件不法舞弊的金額從20億、50億、100億、190億到400多億，甚至700多億元，不斷締造天價，讓人不禁懷疑：「公司到底出了什麼問題？」也越能體會公司治理的重要性。

OECD提出公司治理基本六大原則

根據經濟合作與發展組織（OECD）提出的公司治理基本原則，公司治理應該特別注意的六大事項：（一）建置有效的公司治理架構；（二）保障股東權益；（三）強化董事會職能；（四）發揮監察人功能；（五）尊重利害關係人權益；（六）提升資訊透明度。

我國證券交易所和櫃買中心共同制定的「上市上櫃治理實務守則」，呼應OECD上述原則。

公司法增修健全公司治理六項規定

另外，公司法近幾年大幅修正後，也增修很多健全公司治理的規定：

（一）從許多公司弊案可知，不少老闆會「胡搞亂搞」；所以規定公司負責人有忠實義務，處理事情時，要以公司最佳利益為信念。

（二）對於公司經營權有爭奪的公司，常發生股東會的主席在會議進行中，如遇股東立場不利於自己時，就違反議事規則，任意宣布散會；這時，經出席股東過半數同意，推選主席一人，可以繼續開會。

（三）實務上，公司經營權之爭，也導致許多董監事任期屆滿卻遲遲不改選的案例；主管機關有權命令公司限期改選董監事，否則董監事屆滿時，當然解任，以保障股東權益、公司正常經營。

（四）董事可以經股東會決議，隨時解任，使賢者在位，能者發揮所長，創造企業利潤。

（五）由於公司在董事任期中提前改選的情況很多，舊董事在這情形下視為提前解任；如果董事缺額達三分之一，限期開會補選，以健全董事會的運作。

（六）董事會不能行使職權時，法院可以依利害關係人或檢察官的聲請，選任臨時管理人。

此外，董事會可以用視訊會議，省時方便，利於溝通與業務

的推廣。可見，公司治理就是在落實公司經營者的責任。

推動公司治理困難，強化控制機制

探討目前推動公司治理困難的原因，主要是我國公司結構的問題，包括：資本市場以散戶為主、家族企業色彩濃厚、董監事未發揮功能、獨立董監事形同虛設等。

針對這些問題，最重要的對策有二：（一）強化公司內部控制機制，比如，讓股東積極參與和深入了解，用股東會發揮最高權力機關的特性，不要只是行禮如儀；公司也要自發性地制訂內部治理規範，像金管會就訂了許多範例給上市上櫃公司參考；（二）引進外部控制機制，比如，設獨立董事、外部監察人、稽核委員會等，這方面有些上市公司做得很完備，三者都設立了。目前也有公司董事長在上市審議時承諾不再兼任總經理。政府主管機關如金管會、證期會，也應盡督導責任。

公司要有機成長，以經營為重並專注本業

全台灣現有60萬家公司，無限和合夥公司不到50家，絕大多數都是股份有限公司，因此公司治理顯得重要。而公司治理要好，取決於經營者的觀念要正確，包括：不要「無機」成長，也就是說，老是靠無數的併購，或者關係企業之間相互交易虛增營業額，而要「有機」成長，有能力，有辦法靠現有資金、人才、設備等，增長業績，創造高利潤。

公司經營群不要太在意股價，應以經營為重，也應專注本業，不要有太多兼業，也不宜有太多垂直整合或水平整合，只換來虛張聲勢的表象。並且，少用槓桿方式來處理財務。同時，尊重獨立董監事的專業，眾人同心，其力可斷金，讓公司績效越來越好。

2008年金融風暴發生後，很多企業搖搖欲墜，連知名大公司也是問題多多，很少有公司可以逆勢成長，讓大眾投資心有餘悸，對企業經營者的心態、手法與能力，更加關心與重視。然而，隨著景氣回升，許多企業能獲利仍低，公司如何治理，更形緊要。

法律基地

1.公司法第23條	7.公司法第199條之1
2.公司法第32～34條	8.公司法第201條之1
3.公司法第182條之1	9.公司法第208條之1
4.公司法第193條	10.證券交易法第14條之1
5.公司法第195條	11.證券交易法第14條之2、3
6.公司法第199條	12.證券交易法第14條之4、5

股東董事鬧翻，法律保平安

32

有一群志同道合的年輕朋友，合開一家線上遊戲公司，後來業績不盡理想，股東們開始起內鬨，三個和尚沒水喝，業務逐漸萎縮，停業七個月之久，公司負責人有意找外部資金救火，但部分股東們寧為玉碎，不為瓦全，就一起向經濟部舉發，要求經濟部依職權命令公司解散。一位教商事法的教授聽說這件事，直呼稀奇。

股東窩裡反眾生相

有A公司專營稀土進口，後來因為原料供應國的政策改變，限制出口額，造成對方公司發生供貨困難，面對客戶廠商催貨壓力，也無法提供替代原料，有樂觀的股東提出增資要求，以度過困境，但有股東反對，認為榮景遙遙無期，乾脆向法院聲請裁定解散。

B公司的董事們也意見不一，董事長準備購買他人公司的廠

房，擴大經營，但其他董事認為董事長購買廠房其實是在幫親友解套，為了防止董事長召開臨時董事會通過這項議案，就提出相當證據，向法院聲請禁止召開董事會的假處分，讓董事長氣呼呼。

C公司負責人對勞工較苛刻，因加班費發生勞資爭議，剛好有兩名董事對負責人也有所不滿，便利用這機會，指導三位工會幹部，透露大股東炒股，並有董事違反競業禁止的規定，顯示經營結構問題重重，教他們向主管機關提出檢舉，讓公司無法上市，搞得負責人焦頭爛額。

某生產汽機車零配件的D公司，董事分成兩派人馬，雙方只有一票之差。某次召開董事會前夕，因為要討論的案子有利少數派，少數派便先找律師研究，揪出多數派的兩位董事違背職務的事實，以此向法院聲請停止執行董事職權，讓他們無法出席董事會。本來少一席的少數派就變成多出一席的多數派，順利通過了他們想要的議案。

P公司有兩派股東，在董事會也是只有一席之差，幾乎平分秋色。兩派常在人事的分配主導案爭得面紅耳赤，營運方針也各持己見，採取中立態度的一名董事不願得罪任何一方，董事會常流於「會而不議，議而難決」，形同空轉；往來銀行怕因此影響還款進度，但多次溝通無效，便向法院聲請指派臨時管理人（依公司法208條之1），代行董事長及董事會的職權，等於是變相接管了董事會。

少數股東法寶

有家上市的Q公司是家族企業，八成股份集中在少數幾人手中，掌控了董事會，其他股東對盈餘分配「看得到，吃不到」，公司幹部也由親信任職，而且發現公司的財產去處、資金流向大多不明，多次與董事會交涉，都沒有結果。持有3%股份一年以上的股東，在忍無可忍下聲請法院選派檢查人（依公司法第245條），檢查公司業務帳目、財產情形，全面深入了解有無掏空、舞弊、侵占等情況。法院認為有必要，指示監察人召開股東會處理。

Z傳產公司名下的土地很多，在地價大漲時期，都不做適當處理，任意錯失商機，市場派的多位股東一再要求董事會規畫，但董事會置之不理，股東便找上監察人甲為公司利益召開董事會，改選董監事；董事會的公司派不以為意，沒想到在其他董事的合縱連橫、積極運作下，董事長落得「下台一鞠躬」。

X公司為中小企業，負責人將公司視為家天下，公私經常不分，出國旅遊指示由公款支付，太太買的大衣報公帳，兒子買的汽車也掛公司名義，一些小股東看在眼裡很不認同，但持股過少，無力對抗，某日看到法學相關短文，發現可在股東會提出質疑，要求改正，就聯合其他股東齊發威，連珠砲般要求說明為何私款公用，租用姊姊廠房高出二成，又集中向同學進料，買價還高一成……，讓董事長措手不及，無力回應，當場難堪，往後不敢再暗地搞鬼，同工業區的他公司股東終而學到沒有辦法中的

好招術。

祭出法律讓董事吐出利得

　　Y公司董事長多次到大陸商業考察，批得幾塊土地，經規畫後，興建廠房，再以市價高8%的租金租給Y公司，後來當地發達後，原地的建設獲利12倍，但Y公司發現公司盈利有限，原來12倍厚利均流入董事長口袋，更氣人的是，董事長又以同一方法在他處私地建廠，準備出租公司雙層搞私利，立即向檢調檢舉董事長背信，董事長趕緊找律師團應戰，並吐出利得，召集臨時股東會解釋是公司會計還來不及處理好，沒有不法意圖，每一股東均能分得好股利。讓股東體會運用刑事程序，也是讓董事長守法的好武器。

　　以上都是國內知名公司發生過的實際案例。有人說商戰很多是法律戰，這些都是明例。也透露出現行的公司法和證交法對這種怠忽職責、利益輸送、浪費、舞弊者，都有處理的規範，對不盡責的董事會來說，是一種「喪鐘條款」，相對的也是想要保護公司的人士可採用的利器、公司投資人的保障。

少數股東權

公司由股東組成，因個人資力與投資意願不同，參加股東可依自己意願與能力投資，因參加股權之多寡而形成大股東、小股東。基於股份平等觀念，在投票時，大股東影響力大，很容易導致小股東的聲音無法表達，小股東權益不能被照顧到，乃規畫少數股東權制度。在公司法與證券交易法對於有關獨立董事、獨立審計、公司治理部分有保障規定。

公司法為防止大股東濫權，規定少數股東權益的保護與救濟機制，舉例說明如下：（一）第173條規定：單獨或者合計持有（代表）3%以上表決權的股東，有召開臨時股東會或臨時股東大會的提議權；（二）公司經營有顯著困難或重大損害時，持有10%以上繼續六個月股份的股東，也可聲請法院裁定解散（第11條）；（三）繼承一年以上，持有3%以上股份股東，得請求監察人為公司對董事提起訴訟（第214條），亦得聲請法院選派檢查人，檢查公司業務帳目及財產情形（第245條）；（四）持有1%股份之股東，得以書面提出董事候選人名單（第192條之1）；（五）持有1年以上股份之股東，得請求董事會停止違反法令或章程之行為（第194條）；（六）其他權利，如表決權之迴避、異議股份回購請求權等。

法律基地

1. 公司法第10條

2. 公司法第11條

3. 公司法第170條

4. 公司法第173條

5. 公司法第186條

6. 公司法第208條之1

7. 公司法第220條

8. 公司法第245條

9. 民事訴訟法第522條

10. 民事訴訟法第532條

11. 刑法第336條

12. 刑法第342條

13. 刑事訴訟法第232條

14. 刑事訴訟法第240條

15. 證券交易法第172條

肥貓眾人嫌，報酬合理化

33

2008年，受到金融海嘯衝擊，許多上市櫃公司獲利大減，但是這些公司董、監事的酬勞總和卻破億元；隔年金融海嘯餘波未退，他們的酬勞仍然大幅成長，尤其幾家大型科技業，每位董、監事都拿到上千萬紅利，讓人覺得非常不合理。

到了2010年，有多家上市櫃企業董監事平均酬勞高達2,500萬元，還有人得到3,200多萬元，但與公司的成長或獲利也非一定成正比，怪不得照樣引發社會負面觀感。

打擊肥貓，董監事酬勞該給多少？

其實，不少公營事業的官派董事長、總經理，年收入往往超過部會首長，也被外界批評是「肥貓」。

但，究竟董監事的酬勞該拿多少才合理，才不會變「肥貓」？成為大家關切的議題。

從民法及公司法來看，被選任為董、監事的人，與公司成

立委任關係，有忠誠為公司處理事務的責任、義務，如果有領報酬，他們「善良管理人的注意能力」必須更高，以公司利益為最大考量，如果不出席股東會、開會不用心、有意見不表達、知道問題不糾正、發現投資錯誤卻沒有異議……，都違背委任精神。

公司法規定：董監事的報酬依公司章程約定或股東會決定；前者，發起時的約定或以後變更章程意思而訂，而且有的公司章程甚至沒規定董監事報酬；後者，就要看有沒有開股東會，以及會議有沒有效力。假若兩者都只聊備一格、僅供參考，可能就會被少數人操弄，讓董監事的報酬出乎意料的高。

重點在於報酬計算公式是否合理

歐美國家容許公司自由選擇董、監事的報酬結構，2010年CEO的平均薪酬大增一成，將近千萬美元，所以，重點不在金額數字的絕對值，而是結構（報酬計算公式）是否合理；這裡可以思考的點很多，例如：他們的表現有沒有忠誠負責盡到董監事責任？是否促進公司的成長？能否創造公司高利潤？有無規畫公司榮景以及報酬是否與個人表現相符……等。

以個別的董監事來說，他的外在表現盡忠職守，會議出席率高、事前準備周全而深入、會議上勇於發言、提出具體改善意見、關心公司營運發展……，實際結果也幫助了業務開發、技術提升、現況改善等；就整體的董監事會來說，它的功能與績效呈現亮麗、卓越，創造盈餘、減少虧損、創造公司前景，在在受到

肯定；我想，這樣的董監事報酬再高，都不會被公司股東質疑。

依同工同酬理論來區隔報酬

從貢獻度和報酬合理度來說，現在董監事酬勞都按人數均分，但有認真者，也有不認真者，其實可以進一步依同工同酬理論來區隔報酬。

董監事報酬的內涵（項目），除了大多人知道的盈餘分配，還有可觀的車馬費、出席費，以及住宿和座車提供、薪資獎金、紅利總額、特別犒賞……，名堂很多，應該在章程或股東會決議中全部明文訂定，避免有董監事巧立名目，多拿報酬。公司法更明定，公司監事酬勞，不得採股東會事後追認方式處理。

不應獨厚董監事，要多考量股東利益

有些公司獨厚董監事，讓他們大口吃肉、大口喝酒，剩湯殘肉才留給股東，股東才拿十幾、二十元的股東會紀念品，對照董監事酬勞上千萬，也許合法，卻不合情、不合理。

事實上，公司的穩定基礎是股東（出資者），經營者該「吃果子，拜樹頭」（台灣俗語，意思是飲水思源），多考量股東利益；股東會也可思考如何發揮影響力，甚至修改公司章程；而主管機關和輿論也該多關注這項議題，像金管會最新規定，最近一年虧損的金融機構，要在年報揭露個別董監和總經理薪酬，讓「肥貓」現形。如果董、監事「謙虛」點，少拿報酬，自我收

斂，也就不會被認為是「肥貓」。

上市公司需設立薪酬委員會監督酬勞

2011年9月起，上市櫃公司依規定需設立薪酬委員會，監督董監事與經理人的酬勞，包括現金報酬、分紅入帳、認股權、離職給付、退休福利、各種名目津貼、獎勵措施等，讓優秀人才得到應有薪酬，既可防弊也可鼓勵人才發揮所長，活力企業，提升競爭力。

法律基地

1.民法第528條

2.民法第548條

3.公司法第196條

4.證券交易法第14條之6

5.刑法第342條

董監事酬勞玄機多，
防止巧立名目

34

　　近二、三年來，由於有優秀工程師、業務人員、醫師等過度操勞，以致猝死，過勞死問題成為熱門話題，因此談到很多企業監事坐領鉅額酬勞，在反差對比下，董監事酬勞該給多少才公平合理，變成社會輿論關注焦點。

公司虧損，董事卻坐領高薪

　　某股東會上，有股東提出質疑，公司近幾年來明明不賺錢，董事卻領取將近500萬元酬勞，有何根據？要求董事把錢吐出來。

　　根據證交所近幾年的公告，常有超過20家上市上櫃公司的董事酬勞，平均每年每人領取逾千萬元；也有超過200家虧損的公司發放酬勞金給董事，引起外界關注自肥的問題。

董監事實際支領酬勞，與年報數字差很大

證交所公布上市櫃公司董監事「實際」支領的酬勞明細，並非股東在年報上看到的董監事預計酬金數字，而是包含兼任總經理或副總經理等所得的實際酬金，以某龍頭電子業最高，每名董事兼任員工的酬金近7,000萬元。

某些公司股東會，常有股東質疑董監事變相支領報酬，比如特別諮詢費、業務顧問費、品質管制管理費、執行業務特支費、研發津貼費、專案審查費等；或者巧立機構，成立一些業務發展基金會、關係企業業務統合委員會等，用這些名義領取另外的津貼、補助、顧問費。

哪些報酬可領，哪些依法要交付？

不少大型上市公司指派董事到所投資的子公司擔任董、監事，另外給予報酬，董事也認為這些報酬應該歸個人所有，但從法律的角度，這些董事是受公司委託到子公司擔任職務，屬於民法第541條所謂的委任契約，收取的董監報酬，依法要交付給委託的公司。

公司法第196條對於董事報酬規定，指的是董事在職期間處理公司的事務，由公司支付的對價，屬於為公司服務應得的酬金，其實可以領得心安理得。監察人的報酬，一般也准予用董事的規定。

不過，常見的車馬費、出席費、交通費等，是董事接洽公司

事務所支領的實際支出費用，一般不被認為是報酬；而一般公司都會給董事「退職金」，通常是對退職的董事給予金錢酬勞，性質不是公司法規定的對價報酬，所以也都可以領。

董事報酬由誰決定？可否分配盈餘？

董事報酬的決定是由公司章程訂定，如果章程沒有寫明，則由股東會決議，不能經股東會決議，就由董事長或董事會決定。但實務上的看法，股東會僅決定報酬的總額，比如盈餘的多少比例，個別的分配額度可以委由董事會決定，但必須經股東會追認。

公司法第235條，員工可以參與分配盈餘，但董、監可否分配呢？一般來說，董、監不算員工，但如果兼任執行長等職務，則可以基於員工身分支領紅利。支領的比例，公司法沒有規定，常由公司在章程訂定董、監的酬勞分配成數，而且比例常常很高。

除了股份有限公司，無限公司也有董事，但依公司法第108條的規定，無限公司的董事准用公司法第49條，即除非有特別約定，不然不能領報酬。

依股東和一般人的觀感，公司賺錢，股東有高股息紅利，董事也會領得多，皆大歡喜；但沒賺錢或股價不好的話，大家就會計較。

行使少數股東權利，導正不合理酬謝

董、監究竟該領多少？可以依照證交所每年7月31日公告上年度上市上櫃公司董事酬金，以及公司的業務規模、營運狀況、獲利的程度，本於市場機制，訂定合理的額度。

公司股東應要求公司訂出董、監的報酬合理度，注意有無巧立名目、變相支出的情況，避免盈餘被董事放入口袋。而董事是受公司委任來處理公司事務，領有報酬，應盡善良管理人的注意義務，讓公司得到最大利潤。

每年股東會是股東發揮權能的主戰場，對於公司經營上的問題與董監事酬勞問題，盡量發揮，提出意見，眾志成城，導正不合理酬謝，平常也可行使少數股東權利，千萬記得，不要讓您的權利「睡著了」。

 法學櫥窗 **過勞死**

最近幾年過勞死的問題，一再被提及，以往是指上班族為多，現在因科技業工作繁忙，內部常常廣泛討論，連醫院也發生醫師可能過勞死的事件。

所謂過勞死（日語，karoshi），是指工作壓力太大，超過身體負荷，員工工作時間太長，導致猝死。從醫學觀點來看，過度疲勞可能引發腦中風、心血管疾病、免疫功能失

調、慢性疲勞症候群等疾病。

1980年代，一名年僅29歲的勞工在日本最大報業服務，突然中風身亡，日本率先確立過勞死，引起各國對過勞死的關注，相繼將其防制及罰則訂入法律之內，以保護勞工。在台灣已開始重視此議題，相信將會對過勞死定義與法律保護明確化。

勞動基準法第五條規定，雇主不得以強暴、脅迫、拘役或其他不法之方法，強制勞工從事勞動，否則可依第75條規定，處5年以下有期徒刑、拘役或併科5萬元以下罰金。因此雇主強迫加班，或以責任制方式強制勞工工作負荷過重，得小心觸犯該刑責。

又刑法第276條業務過失罪，及第284條業務過失傷害罪，也是與過勞死有關，雇主如造成勞工猝死或中風傷害、重傷，也會涉及這二種罪名。

勞工家屬對於過勞死，能否請求民事損害賠償，可依民法第184條侵權行為法則處理。

過勞死究竟是意外、傷害事故或疾病死亡，在人壽保險業有不同看法，有主張勞工過勞死是長期慢性疲勞之後誘發的猝死，當事人大都有其他疾病的存在，因積勞成疾，導致併發死亡，雖然過勞死讓人覺得很意外，卻是由身體疾病所造成的，並非外來的突發事故所造成的傷害，因此，並不屬於意外險的保障範圍，不能得到理賠。

董事會開會，
魔鬼都在細節裡

35

　　這幾年來，許多財經金融案件的破案關鍵都是來自董事會的會議紀錄，因為很多紀錄並不實在，所登載的內容與實情常有出入，輕易透露公司處理相關事務的弊端，只要辦案人員仔細查證相關事實，就能圖窮匕見，查到關鍵性證據。

偽造會議紀錄，財產犯罪常見手法

　　有一家S百貨公司增資，同意乙企業加入，事後甲方董事長對於原先答應的事都大打折扣，存有隱情，雙方翻臉，由於乙企業已投入大筆資金，乃指稱甲公司詐欺，檢察官在審閱資料時，無意中發現，甲企業同意增資的董事會決議紀錄中，有兩位董事並沒有出席會議，而是事後補簽名，檢察官依偽造文書起訴，讓這件增資案的案情更形複雜。

G集團向銀行貸款時，依銀行要求，出示董事會同意貸款的紀錄，但後來被檢舉是冒貸案，集團董事長仍堅持是實在的借貸；檢察官覺得可疑，傳訊董事們，他們異口同聲有一起開會同意，但函調入出境資料，結果當時有三名董事在法國、日本和美國，還有一個人住院；終於偵破全案。

K控股公司經營權不穩定，大股東之間紛爭不斷，某次為了併購的案子召開臨時董事會，部分董事監察人對於提案內容，多次發言，事後發現紀錄相當簡單，沒有完整記載他們的發言內容，以致隱瞞不明，容易產生不同的解讀，董事長也藉此大作文章，參與會議的董事因此向金管會檢舉，K公司被處以20萬元罰鍰（《公開發行公司董事會議事辦法》第17條第1項規定）。

也有X公司舉行業務拓展會議，準備跟Y公司合作生產，有兩董事堅決反對，因涉及到未來董事的賠償債任，所以要求留下內部紀錄，會議主席也答應，但後來經內部人士告知，紀錄是寫全體無異議通過，因此提告，依偽造文書罪起訴。

M公司的董事長為了酬謝公司董事辛勞，選在餐廳召開董事會，方便同時餐敘，結果會議都在談風花雪月，並沒有議程，也沒有討論事項，董事長認為大家當下酒酣耳熱，應無意見，就交代祕書做成通過幾名主管的升遷案。很剛好，一位當天沒出席的董事，正好要推薦人事，才發現升遷案已經通過，詢問其他董事才知道是偽造的會議紀錄，憤而提出告訴。

所以說，未舉行董事會而自行杜撰會議內容，或代簽董事姓

名；未出席董事會而事後補簽名、沒有全員到齊卻寫全體同意、會議紀錄「不實在」或「不完整」，都不行；更嚴重者，是對旗下子公司董事會飭令屬下連環制作完全虛假的會議紀錄，再相互掩飾，搞掏空舞弊、五鬼搬運伎倆，檢調幾乎是連環套破案，像這種偽造文書行為幾乎變成財產犯罪的必然過程與必要手法。

會議紀錄不可隨意增添修改，捏造內容小心觸法

公司的董事會是合議制，經由集體議事來決定公司發展目標、經營方向、營運計畫、營業方針、業務作為……，會議紀錄是客觀完整表達會議內容，不容有任何虛假偽造不實的情況。目前常有董事長、董監事、總經理以及公司內部人員，認為董事會開會只是形式，行禮如儀，會議紀錄並不重要，依照自己需要去製作內容，或隨意增添修改，認為這無關緊要，不過，要小心可能會觸犯刑章。

負責紀錄的人或參與會議的董事也要有正確的認識，董事長若有法律責任，自己也可能成為共犯，甚至碰到冷血的董事長，非但不認帳，還可能會把責任全推到你身上。

曾有董事長指示製作一份有關產業聯盟營運計畫的董事會紀錄送到銀行供參，表示公司正常營運，董事同心協力執行董事紀錄，沒料到銀行承辦人準備買入該公司股票，與該公司董事甲聯繫，刺探公司產業結盟的事，甲斷然表示沒這回事，承辦員告訴銀行經理，終而露餡。事後董事長否認他曾有指示，說秘書是

忙於交男友，忘記開會的事，才隨意編寫，他並拉副總、主秘作證，導致秘書被控業務登載不實，真是欲哭無淚。

曾經有大學EMBA班的學生請教我，各種營業報告書、財務報表、盈餘分派，或虧損撥補議專書等表冊，在每一個會計年度終了，經股東會議承認後，不是已經解除董監事責任嗎？我說明，依公司法（第231條）規定，是視為已解除責任，不過同條但書定明：「董監事有不法行為，不在此限。」換句話說，董事會有偽造文書、侵占等行為，法律責任還存在。同時，這表冊的承認與董事會議紀錄是兩回事，紀錄虛偽捏造或不實，仍須負偽造文書罪責。

法學櫥窗　偽造文書

文書是在用文字表示一定意思，透過有體物，達到表彰權利義務或公證之目的，一般認為文書需具有可觀性、可讀性及意思性，其中意思性就是可以證明一定事實或權利義務存在。

文書的範圍很廣，幾乎還涵蓋所有行業，從公務員制作的

文書，到各行各業制作的文書，以及個人私生活領域的文書都在內。刑法將文書分成公文書、私文書、特種文書以及業務上文書等類別，其中私文書範圍很廣，如一般契約、切結書、同意書、結婚證書、郵局取款憑條、診斷證明書、會計傳票等等。

偽造文書的犯罪態樣，包括偽造、變造以及登載不實等行為。偽造是無權利制作文書的人假冒他人名義而制作不實在的文書，可說是「無中生有」。變造是沒有改造權的人，對別人已完成的文書不法更改，也就是「隨便竄改」。另外，登載不實就是登陸記載不實內容，例如公務員在公文上簽辦不實內容，又如會計師為人做不實或查證報告、律師撰寫不實之書狀等。

公司召開股東會、董事會議時，需做會議紀錄，這也是文書的一種，如果內容不實或偽造，那就構成偽造私文書罪或業務上登載不實的文書罪。

法律基地

1.刑法第210條

2.刑法第211條

3.刑法第215條

4.刑法第216條

5.刑法第217條

「背信」金鐘罩，
企業主難脫逃

36

　　「承諾的事沒做，是否成立背信罪？」最近在企業界演講，有人這樣問我。

　　一般人認為，講話不算話、食言而肥，就是背信。不過，真正要成立這個罪名，前提是本身接受委任處理一定的事務，法律上叫身分犯；如果只是信口開河，言而無信，還不致於構成背信罪。

接受委任故意違背，小心構成背信罪

　　接受委任的事務的情況很廣泛，像公司的董監事受董事會委任經營公司事務、員工受企業委任上班工作、仲介員受屋主委任出售房子，建築師受業者委託設計房子……等。一般契約例如買貨、租賃、工程事項則不在此列，因為只是契約上的責任而已，

不是委託對方做一定的事務。

　　民事法上，公司與負責人或高階主管之間，就是委任關係，所以他們要盡忠職守，如果不盡責或不照約行事，可能有債務不履行的問題。

　　像我之前提過，董監事不出席會議，以致決議造成公司虧損，可能就會有股東高手出招，告董監事債務不履行。醫病關係也是委任性質，所以發生了醫療過失，患者也可以用這個概念來要求賠償。

　　這幾年來，很多企業界人士被依證交法171條第1項第2、3款法辦，刑期重到令人咋舌。

　　原因是，依證交法發行有價證券的公司的董監事，如果讓公司做出「不利益的交易」，而且不合營業常規，讓公司受到重大損害，還有違背職務，都可以處以3年以上、10年以下徒刑，併科罰金1000萬元以上、2億元以上罰金。

對付企業主搞鬼，使出「特別背信罪」金鐘罩

　　有位企業家發現投資獲利不易，發現買下土地再賣給公司，不但沒有風險，而且不怕沒有買主，價錢又可如自己所願，所以透過新公司買地，以此掏空公司資金，從中大撈一筆；也有老闆買下土地後，再建造廠房，高價出租給公司，也是穩贏做法，類似情形，常有耳聞，如果追查公司何以要賣這些不合營業常規的土地？又何以自有資金足夠，不買地自建卻花費鉅款租地租廠？

明眼人一看就知道有鬼。

例子還很多，譬如一家製鞋公司明知採購流程嚴謹，卻向股東高價買入皮革，而且閒置不用；也有某科技公司想幫關係企業解套，向關係企業購入與事業無關的半成品，結果成為呆料；以及，某家公司資金已發生困難，還向負責人親戚企業投資與公司營運發展無關的事業，終致自己公司周轉失靈，投資未久即告失利。

從司法實務來看，凡是做出挪用公款、侵吞財產、掏空資產、賤賣財產、利益輸送、五鬼搬運、不法舞弊的事情，都要注意構成這條背信罪的風險。

其實，時下有些公司開發了新技術，就向外跟好友分享，邀請好友合開新公司，或將技術移轉給好友所開的公司，再大量投資，結果讓舊股東享受不到研發成果，不僅吃不到牛肉，連湯都喝不到，也引起股東質疑背信。

有次我參加一場學術研討會，會中大家對這件事情越討論越有興趣，因為「只要企業主搞鬼，都可用這個『特別背信罪』的『金鐘罩』蓋起來，讓他無所遁逃。」

而且，不法所得在1億以上者，可以判處7年到15年徒刑，不少企業主忽略了這一條規定。因此，企業經營團隊除要注意刑法背信罪外，還要注意到證交法特別背信罪，有此法律風險認識，才可防患保平安。

公務員是便民或圖利？可從四個角度觀察

公務員辦理公務，也很怕被扣上這種帽子，指為違法圖利廠商或個人。

以前，公營銀行行員被認為是廣義的公務員（刑法第10條），現在法律已經做了修正，他們不再適用《貪汙治罪條例》，但如果處理銀行事務時發生違法冒貸，也可用背信罪來處罰。因為他們受委任處理一定事務卻違背任務，圖利他人或損害公司。公務員收回扣是很嚴重的事，但在一般公司收回扣，也可能會犯這條罪。

我曾在《法律做後盾》一書中提到，要判斷公務員是便民或圖利，可以從四個角度來觀察，第一是有無必要如此處理；第二是處理方法（式）是否具合理性；第三是處置是否眾生平等，標準是否一致；第四是否合於公平性的標準。

「必要」、「合理」、「一致」、「公平」，這四點剛好可以做為企業經營群在檢視自己商業判斷、營運做法、採購作業……等行為的重要內控標準。

法律基地

1.民法第148條

2.民法第220條

3.刑法第336條

4.刑法第342條

5.證券交易法第171條

經營者法律責任，
找到擋箭牌

37

有家上市公司董事長被起訴背信，原因是他決定向股東買入土地，讓股東每坪賺進2萬元，一共1.2億元，董事長抗辯與市價相當，而且買下一年多，土地翻漲一倍，公司大有利得，股東也滿意公司股票上漲，他沒有背信的犯罪行為。

某甲公司股東會議時，股東質疑公司為何亂投資，致損失6,000萬元，總經理出面報告，那時看準該項科技研發有前景，才決議投資，後因某項技術未突破以致失利，當初的決定合理且正當，沒有不軌行為。

又有一上櫃乙公司為順利取得上游零件，已與上游工廠策略聯盟，投資20％股份，沒料到該工廠無法與同業競爭，以致停產，損失不少，被人檢舉有利益輸送，負責人趕緊澄清，指為必要的投資，投資失利實是非戰之罪。

又有丙公司因原物料漲價，為分散風險，兼做外幣匯兌差價投資，後外國貨幣政策改變，造成虧損，董事長被外界質疑，再三解釋原先決定是經營必要方法，並非不法意圖。

釐清商場實務與法律要求的關係

類似情形，在商場上經常遇到，經營群或負責人難免被懷疑是否涉嫌背信罪或犯銀行法、證券交易法等特別背信罪，也有可能被檢討是否盡公司法第23條的忠實義務？需否負損害賠償責任？

現在是個充滿競爭的時代，企業經營面臨的政治經濟、社會變動、市場國際趨勢、行業競爭等問題日漸嚴重，商場有如戰場，有利商機瞬息萬變，當下決策有資訊充分的困難，也有時間壓力，如不考量當下時間點的所有情境，而以「事後論神仙」方式嚴格檢驗其結果，顯然不恰當。

如何釐清商場實務與法律要求的關係，有其必要性。在美國，主要藉商業判斷原則來平衡，既不輕易縱容經營者法律責任，也考量給予寬廣正當的空間，使企業經營能本諸專業，依商場平常心，做好最適當的商業決策。

現行公司法第23條第1項明定，公司負責人應忠實執行業務，並盡善良管理人的注意義務，如有違反導致公司受損害者，負損害賠償責任。這裡所說的善良管理人的注意義務，一般認為在程度上指抽象輕過失。依司法實務解釋，抽象輕過失是指行為

人注意的程度，依一般社會上的觀念，認為具有相當知識及經驗的人對於一定事件所能注意者，客觀的決定其標準，可看出注意程度很高，比美日法院的標準高出很多。

賦予經營權充足職權、彈性空間與適度尊重

由於公司治理在促發公司價值極大化及利潤最大化，所以積極面在強調興利、創利，加強公司董事會結構與功能，提高公司競爭力，不必對董事會給予太多監督核管，基於所有權與經營權分齊原則，容許董事會有更多更大空間，賦予有效職權，使董事會能依市場導向，靈活從事各項商業（事）經濟活動。而且，公司治理也含有激勵機制，既要馬兒好，當然要給充足糧草，其間，賦予經營權充足職權、彈性空間與適度尊重，有利其有效率經營企業。基於此，商業經營法則適可助成董事會職權的有效發揮，所以在談公司治理時，並不否定商業經營原則的適用。

美國習用的「Business judgement Rule」，有使用商業判斷原則，有採經營判斷法則，主要認為公司董事會在執行業務時，對於經營事項所為之判斷與決定係基於善意，並在資訊充分情況下所為，而且可以合理相信對公司有利，實不應苛責董事的法律責任；換句話說，縱然該商業決定不正確或錯誤，甚至造成公司遭受虧損也無需負責──這成為對經營者有利推定的重要原則，也給經營者放膽地從事專業性的經營行為的基礎。

商業判斷原則圖像要件

為讓大家更了解商業判斷原則圖像，從要件再予以說明。首先，積極要件有六項：(一)需從事商業性交易的決策或決定；(二)決策者與交易需沒有利害關係；(三)執行過程需具備獨立性；(四)需已盡到合理注意義務；(五)需基於善意執行職務；(六)需未濫用裁量權。就消極要件而言，也有二項：(一)需非屬詐欺、越權或不合法行為；(二)需無浪費行為。

近年來許多大企業因營運或業務執行過程，被追究是否有背信、侵占等行為，經營者紛紛反應經營有盲點與困難，不可能事事如願，次次大獲全勝。有識者，對於引進商業判斷原則，逐漸強化推動中，藉以緩和、減輕公司經營者注意義務與忠實責任，在司法實務上，也將因當事人的主張與攻防，逐步建立其適用的機制。

法律基地

1.公司法第23條

2.公司法第32條

3.公司法第34條

4.公司法第192條

5.公司法第193條

6.刑法第342條

7.證券交易法第171條

8.銀行法第125條之2

9.金融控股公司法第57條

10.票券金融管理法第58條

11.農業金融法第39條

12.不動產證券化條例第59條

13.金融資產證券化條例第59條

14.信託專業法第48條之1

15.信用合作社法第38條之2

第 **五** 部

科技應用

38 科技好方便，效果兩面現

39 高明科技，把不法事揪出來

40 網路暱稱有人格，虛擬世界也犯罪

41 電子商務發展，嚴防資安問題

42 慧眼識「無形資產」，實質利益大

43 科技法律戰，精采訴訟戲

44 智慧變財產，企業競爭法寶

45 手機簡訊，透露法律痕跡

科技好方便，效果兩面現

38

　　高速公路上，有位女子將車輛行駛在內車道，後方一輛車閃燈，示意她讓道，但女子沒辦法讓道，囂張的男駕駛就急速超車到女子的車前方，還故意煞停，害她緊急煞車，使得後方的車子也跟著追撞上來，造成無辜第三人受傷。這時，肇事的人卻把車開走了。還好女子在車子裝了行車紀錄器，因此破案，檢方依過失傷害、公共危險罪起訴肇事男子。

　　科技進步，伴隨而來的「效果」，令人意想不到，方便是方便，但隱私不見了，例如手機撥號會留下通聯紀錄，開車也有行車紀錄。檢警調辦案常調閱通聯紀錄，交叉比對，把被告的人脈圖勾勒得十分清楚。

手機曝露行蹤，簡訊留下證據

　　很多人忽略手機通訊基地台的存在，當你攜帶手機四處洽公辦業務時，隨著手機的移動，基地台也一起移動，要了解行蹤

非常容易，所以精明的太太藉由手機基地台的移動，就能知道先生落腳何處，先生溜到異地喝花酒，賴也賴不掉。在檢警調辦案時，也常藉此方式偵測到犯罪者的行蹤。

手機已成為現代人聯繫上不可缺少的工具，也藏了不少秘密，有男生懷疑女友劈腿，就偷看手機簡訊，還拍照存底，女友火大提出告訴，檢察官依妨害秘密罪起訴，讓男生意想不到。

手機簡訊，更是比通聯紀錄還要明確的證據。有個黑道大哥寄簡訊給小弟，說：「傢伙趕快藏起來！」以為警察找不到東西，沒憑沒據，但這個簡訊卻成了大哥持有槍枝的關鍵證據。

過去有家企業主「五鬼搬運」，掏空公司資產，得知要被檢方調查時，傳簡訊給祕書：「趕快把東西收好。」也變成兩人串證的依據。

語音信箱也未必保密，警察聽了一個販賣槍枝的中盤商的手機語音信箱，聽出線索，因此找到賣槍的上手和下手。

科技日新月異，凡走過必留下痕跡

現在，智慧型手機越來越普及，由於它功能強大，可上網留言、可收電子郵件，還有衛星定位，如果把這些私密資訊串連起來，更能了解一個人。更不用說，電腦上網已是全民運動，不管是你上網的次數、曾到哪個網站瀏覽，有了cookie，都會留下痕跡；父母可以藉此監控小孩，老闆也可以監督員工。

記得去年五都選舉的前一天，發生槍擊事件，經調閱錄影帶而追出涉案人。許多社會糾紛，也是透過路邊的監視器，比對出嫌疑人士的身分。

公司機關的門禁管制，人員要刷卡進出，配合電腦作業，更是清楚留下個人的進出刷卡紀錄，如果公司或機關發生竊案，也可藉此過濾出涉嫌的職員。

有個老闆還透過車子的里程紀錄，抓出內賊。他發現車子的里程數多了好幾倍，認為司機偷開他的車去辦個人私事，因此派人去查，意外發現司機將機密提供給與公司的競爭對手，才恍然大悟他放在車上的文件為何常有被調閱過的跡象，及時防堵了一場企業危機。

由行動通訊科技衍生的定位服務（Location-based Service，LBS），鼓勵使用者登錄所在位置換取分數，得以在商店兌換優售折扣，商家也藉這些用戶資料從事VIP等促銷活動。

3G產品正夯，用戶隱私全露

當前iPhone、iPad等3G產品正夯，但有人爆料其中含有衛星定位的ios設備，會自動記錄設備所在的地理位置與行蹤資料，用戶隱私全露，讓許多國家開始調查了解是否侵害隱私權。還有Google的街景地圖，固然方便用戶查詢，然而既未經用戶同意，用戶也不知情，有時自己個人行為無故在眾人眼前洩底，情何以堪。歐洲有許多國家更擔心街景地圖威脅到國家安全，面對這些

問題，專家提醒用戶必須了解自己用的手機有何功能，開啟何種程式，用了哪些軟體，做了哪些資訊聯繫，必要時停止使用。

還有許多熱門手機遊戲的研發商、臉書、MSN等的打卡、通話功能，也掌握用戶資訊，有時還同意廣告協力廠商共享用戶資訊，個資明顯成為無形資產，已被視為新形式的貨幣，商機無窮，但個別用戶卻被蒙在鼓裡。

盜取他人資訊，構成侵權行為

要提醒的是，利用新科技盜取資訊、竊視秘密、侵犯隱私、不正當商業競爭……，都不被法律所允許，常常構成侵權行為賠償責任、妨害秘密刑責，或者負有個資法責任。

可以說，隨科技而來的各種電子化紀錄，非常忠誠的呈現事實原貌，一來提供使用者相關訊息，二來提供辦案的方便性，三來也增加了別人有意無意對你的了解。你我都身處一個被監控的世界，只是可能不自覺在享受便利的同時，也擁抱了想不到的「效果」。

法律基地

1. 民法第18條

2. 民法第184條

3. 刑法第310條

4. 刑法第315條

5. 刑法第315條之1

6. 刑法第315條之2

7. 個人資訊保護法第2條

8. 個人資訊保護法第29條

9. 個人資訊保護法第41條

10. 個人資訊保護法第42條

11. 通訊保障及監察法第3條

12. 通訊保障及監察法第5條

13. 通訊保障及監察法第13條

14. 通訊保障及監察法第19條

15. 通訊保障及監察法第20條

16. 通訊保障及監察法第22條

高明科技，把不法事揪出來

39

記得我每每談到新科技在司法辦案上的運用，聽者都興致盎然，而且多次主動跟我提起外國熱門影集《CSI犯罪現場》的劇情，直說印象深刻。

監視記錄器與辨識系統，成辦案重要利器

的確，科技工具對破案與證據的確定，有很大功效。時下最夯的行車記錄器，將行車過程、車外動靜、車內手機通話等全都錄，就曾有竊賊無意中啟動紀錄器，讓偷車事曝光，痛恨自己如此「豬頭」。

警方多年來經由路口監視器的過濾，偵破不少刑案，像台中多年前的千面人案件就是一例；而透過裝在路口的贓車辨識系統，也查獲不少贓車，進而破獲刑案。有不少員警發現進一步配合交通號誌控制紅綠燈，尤其容易將竊車賊困在車陣，順利逮獲。目前警方的車牌辨識系統，可將路過的車輛自動經由電腦過

濾，進而儲存，查證時輸入該車行經時間，螢幕立即顯現路過的前後時間，對於掌握歹徒行蹤及破解其辯解輕而易舉，已成辦案重要利器。

科技技術客觀、誤差低、可信度高

美國曾經對於一些死刑確定的案件，重新以DNA等技術鑑識，發現被告並非真正的兇手；所以，在證據認定上，人證是活的證據，具有變動性，不見得有百分之百的可靠性，因為目擊過程難免有光線、距離、角度與主觀判斷的誤差，但科技技術可以很客觀地呈現犯罪原貌，誤差相對減低，可信賴性高。

記得921大地震時，有人以為東勢大坑山區的罹難者是被壓傷、挫傷致死，但當時檢察官相驗時，經科學的鑑識，發現多是窒息死亡，因為那邊的房子多是「土角厝」，地震倒塌時塵土飛揚，因此人呼吸困難終而窒息死亡。土木專家也提醒我們，「土角厝」的壽命只有三、五十年，不足以防災，居住此類房屋的民眾要有危機意識。

曾有一名在船艙工作的工人突然死亡，家屬認為他是被人謀害，經專家鑑定，才發現是因為船艙裝滿原木，而原木是一種耗氧性高的物質，當木頭行呼吸作用（發酵作用）時，會把氧氣消耗殆盡，導致工人缺氧死亡。

現在大家知道辦案人員會對當事人測謊，所以網路上出現了教大家如何影響測謊結果的「撇步」，例如屁股翹一下、換個位

子、手臂使力、大腿及小腿用力，直接影響心跳和脈搏，讓施測者無法判讀。但檢察署也有對策，引進新的測謊椅，暗藏精密感應器，任何企圖影響測謊的小動作都能感應，人稱「老實椅」，讓搞鬼的人無所遁形。

人臉辨識技術，罪犯無所遁逃

除了《CSI犯罪現場》，美國影集《慾望之都》（*Las Vegas*），劇中的賭場攝影機以多角度拍下進門賭客的臉部影像，任何一名賭客的臉部只要被記錄下來，就算以後變裝來使壞，都會被發現。

人臉辨識的技術，在刑案、門禁、金融系統被廣泛使用，數位相機也是一種很常用的工具，現在還有自動販賣機會辨識顧客的性別和年齡，避免賣菸給未滿法定年齡的消費者，都可運用到辦案上。

人臉辨識是生物特徵辨識的一種，其他可被使用的特徵還包括虹膜、指紋、掌紋、血管和語音等，這些在犯罪科學辨識上逐步被採用，例如被告否認話不是他講的，一經語音辨識就真相大白；杯子上的指紋也可能成為被告在場的證據，想賴也賴不掉。

DNA鑑定成辨識技術主流

國內自從華航空難以來，DNA鑑定變成辨識技術的主流，很多否認親子關係的案件也從此水落石出。血液、口水、精液等體

液都是DNA的檢驗管道，大家關心的性侵案件，也經DNA比對查得色狼，就曾有色狼見到DNA證據後當場嚇昏。刑警也曾憑著一截菸屁股，不厭其煩比對DNA，揪出罪犯。曾經，犯罪現場的死者屍體已經不見，兇手不願吐出去處，但從地板與地毯上的血流的面積，判定其人流血量已超過三分之一，已無法生存，仍依殺人罪究辦。

刪除檔案可還原，違法事證全現形

在財經界，由於企業公司的作業E化，很多違法事證都存在電腦中，雖然被告會刪除、毀滅檔案、但現在調查局有「還原」檔案的科技設備，可以輕易取得證據而破案，犯罪無所規避。

調查企業舞弊所需要的「鑑識會計」，也可以配合運用最先進的鑑識科技，在第一時間把現有的電腦資料全部儲存，還原刪除的檔案，配合會計師的專業，將會計處理、切割與資金流向查得清清楚楚。最近幾個有名的掏空舞弊案件就是透過會計師的專案查核報告，而了解企業不法的來龍去脈。

法學櫥窗 **相驗與解剖**

　　台灣民眾過世後，要辦理死亡戶籍登記，一定要有死亡證明書，取得途徑有二種：其一是請醫師開具死亡證明書；一種是報請檢察官會同法醫師相驗後，開立相驗屍體證明書。前者是病死狀況；後者是死者非病死，或可疑為非病死者（如自殺、意外死亡、不明原因暴斃、他殺等），均要司法相驗（刑事訴訟法第218條），所以像921大地震、空難事件及八八水災罹難者，都是由檢察官會同法醫相驗，發給死亡證明書。

　　司法相驗的目的，在調查有無他殺的情形，例如被砍殺、被撞後死亡、下毒藥、吊死、槍殺等等的，以便進一步查究涉嫌犯罪的兇手，在必要時，檢察官會進行屍體的解剖。在國外的解剖比例很高，台灣相對為低，原因之一是家屬有全屍觀念，不願死者屍體支離破碎，為保障被害人的人權，應鼓勵家屬同意解剖，以利科學鑑識技術查明死亡原因，還死者公道。

　　自然死亡（老化）或病死者，可向主治醫師、醫師申請開立死亡證明書，如久病從醫院返家死亡，病死時，可向衛生所申請到家行政相驗。至於非病死或可疑非病死，就趕快向管區派出所報驗後，轉報當地警察局，再向地檢署報驗。目前檢察官會儘快帶法醫師或檢驗員到屍體所在地相驗。不過檢察官由於公務繁忙，可以派檢察事務官會同法醫師等去現場相驗。又因法醫師人力不足，目前會商請有意願的醫師協助相驗。

網路暱稱有人格，
虛擬世界也犯罪

40

　　現在網路上誹謗他人名譽的人很多，使用暱稱或匿名，大放厥詞，習以為常地噴口水，發表一些情緒性的話來發洩——嫌網友長得醜，用「死蟾蜍」稱呼；女病患上網指主治醫師是「笨蛋」；研究生批評指導教授是「大咖文抄公」，論文是抄襲而成的；業務員指責老闆形同「吸血鬼」；男生汙蔑前女友「超級性機器」；鄰居評斷樓上房客「一家都是賊」……等。

虛擬世界罵人，真實世界有罪

　　還記得有新聞報導，網路上一名女生留悄悄話，罵部落格主人「賤貨」，結果忘了按一鍵，悄悄話變成公開話，變成公然侮辱別人；也有男生大咧咧在網路上跟人對罵，居然寫「爛咖必殺」，不但是侮辱，還威脅人。

　　現法院有一派見解是，雖然大家在網路上可能使用暱稱，但

不管在網路上用的是不是暱稱，它都算是個人人格在網路上的延伸；當個人的網路身分受侵害，個人名譽也會受損。現在這類案件已有民事判決依「妨害名譽」賠償的實例。

變調的愛情，網路性愛與親密照片

另外，法院有好幾例是有夫之婦（或有婦之夫）與網友夜夜上網談心，發生精神外遇與網路性愛。但，法律上只採「真槍實彈」、真正發生性關係的事實，才算犯了通姦罪。不過這種「精神外遇」，配偶可要求精神慰問金（民事上的侵權行為，民法第195條，影響他人婚姻生活）。

許多青年學子設有網路相簿或在特定網站上存入個人裸照或「炒飯」相片，以為加上密碼等程式，可以高枕無憂；然而很多人以破解為樂，再轉載或PO上各網站供人瀏覽，讓被害人身心受創，此種情形，如同現實社會窺視他人隱私相同，涉有妨害秘密或散布猥褻物品罪。另外有人因女友、配偶離去，就將親密的相片PO上網供下載、觀賞而予洩恨，也犯了妨害風化罪名。

機密資料防外洩，電子郵件留證據

現實社會辦理各類提存款等金融手續，可以到銀行櫃台直接辦理，也可以在ATM轉帳，有人習慣用網路電子銀行提存款或轉帳，不法之徒就嘗試破解侵入，曾有駭客衝過防火牆與安全網順利盜領存款，因此有客戶對電子銀行存有顧忌，銀行乃更加強安

全措施。

有人不滿薪水低，將公司享有專利的發明PO上網，讓公司產業秘密完全曝光；有員工因上司責罵，將公司規畫對付競爭對手的計畫PO網，固然可以逞一時之快，不過涉有背信、洩密問題。

現在透過電子郵件（E-mail）或網路與人聯絡已經很普遍，在人際互動上的文字紀錄可能是未來訴訟案件的鐵證。曾有人利用網路留言恫嚇對方，例如：「出門給我小心」、「車子再停我家前面，就修理你」、「敢再與小芬約會，小心你的腦袋」等等，也曾發生利用網路向被害人恐嚇要交付錢財。

網路詐騙花招多，提高警覺勿輕信

網路犯罪，還真是無奇不有！像有民眾買了一台從日本進口的重型機車，才騎沒幾天，就被別人「ㄎㄧㄤ」走，於是他天天上重機專業網站搜詢，終於在四年後的某一天，發現有人上網拍賣他的重機，便佯裝買家，跟賣家約好面交，同時報警，現場逮人成功。

年輕人喜歡的網路遊戲世界，也發生巧取豪奪的事，有人因為偷天幣，被法院認定天幣有價值，因此依竊盜罪論。更常聽到被網友稱為「恐龍」的胖妹，用他人的照片讓網友誤信虛擬美女落難的故事，然後騙取捐款或詐財。

網路就跟現實世界一樣，上網購物也會被詐騙集團鎖定，中途釣魚，把你這條肥魚釣起來，先寄電子郵件給你，說有轉帳問

題，要你把錢匯入特定帳號。

　　從上述實例可知，虛擬社會的空間越來越大，利用方式越來越多樣化，可以說現實社會的犯罪行為，在網路世界會以不同方式出現，發生現實的法律效果，大家不可輕忽。

法學櫥窗　**網路世界法律議題**

　　網路世界已幾乎與現實社會平行，年輕人的生活習性已脫離不了網路使用，但因網路發展過於神速，周邊商業利用活動相當活絡，法律難以與網路世界發展契合，形成相當多的法律問題，例如：

(1)虛擬世界法律現實化。

(2)資訊流動造成權利保護之流轉。

(3)無紙化世界延伸法律問題。

(4)電子商務活動之法律挑戰。

(5)無阻力資本主義與非居間化之法律問題。

(6)未來電子書之法律保護辦法。

(7)網路利用行為之有效規範。

(8)生活侵犯與干擾及防止問題。

(9)人類隱私之侵害救濟。

(10)法律權益行使之周延性。

(11)特別救濟制度之整備建制。

(12)法律理論基礎之研究。

法律基地

1.刑法第235條

2.刑法第292條

3.刑法第304條

4.刑法第305條

5.刑法第309條

6.刑法第310條

7.刑法第312條

8.刑法第313條

9.刑法第315條至315條之2

10.刑法第320條

11.刑法第339條

12.刑法第346條

電子商務發展，嚴防資安問題

41

網路發達的今日，網路商業化已經普遍形成，電子商務（electronic commerce）成為新興的商業交易模式；由於它擁有全球化、無國界、靈活、快速、低成本又全年無休的特性，預期是未來國際商務的主流。

電子商務的商機多大呢？上網人口急速增加，2009年台灣家戶連網普及率高達78.7%，且依經濟部商業司的預估資料，我國B2C電子商務市場規模在2013年將突破新台幣3,313億元，可看出未來電子商務的商機無限，利潤無窮。

網路犯罪比搶銀行還容易

不過，有網路，就有犯罪。像網路銀行的概念逐漸被消費者接受，同時也引起駭客的覬覦，兩三下就突破網站防火牆，當成

一種成就；也曾有人破解密碼，先後領光上千萬元，讓辦案人員驚覺：「比實際搶銀行還容易！」

猶記，曾有駭客傳送電子郵件，主旨加上「I love you」的字眼，其實夾帶病毒，透過轉寄，造成全球大災難；1998年CIH病毒案，也讓大家印象深刻；加上網路購物延伸出的詐騙信，在在讓我們了解虛擬的網路社會存在不少法律問題。

國內許多電子商務網站如雨後春筍般出現，例如打造許多網路品牌的Yahoo奇摩購物中心、上班族為之瘋狂的facebook臉書、主張無汙染電子書城的摩達網（MagV）、提供消費者團體合購的ihergo⋯⋯等等。

這些電子商務網站內容上包括網路上消費活動（交友遊戲）、交易行為（拍賣網購）、資訊服務（股市服務）等，可說涵蓋資訊流、金流、商流和物流，尤其資訊流和金流，很容易帶來資安犯罪問題。

資安犯罪四大特性

資安犯罪的類型大抵可分成駭客入侵、電腦病毒、網路釣魚及利用網路平台犯罪（詐欺、色情、賭博、毀謗等）等類，具有幾種特性：

第一，隱密性；很多人會用匿名、假名，登錄不實資料，加上傳遞過程看不到，就產生了資安的問題。

第二，擴散性；因為傳遞很快速，尤其有病毒時更是如此，

真真假假的訊息也一傳十、十傳百，造成社會不安。

第三，低風險性；它不像一般犯罪容易被馬上發現，調查也要抽絲剝繭，不容易查到，而且網路攻擊的事太常見，警方主動偵查的人力、物力也不足。

第四，被害意識低；被害人會認為不是當面攻擊，所以傷痛不會立即有反應。

個人處理資料保護法，遏止電腦犯罪

因為上述這些特性，形成犯罪的逍遙空間，推動電子商務時，對於資安要特別考量。還好，刑法有個使用電腦犯罪的處罰，分成入侵電腦及設備罪、破壞電磁紀錄罪、干擾罪、製造犯罪電腦程式罪等類，而2010年剛修正通過的《個人處理資料保護法》也有了更明確的保護規定。

以製造網路病毒而言，造成他人損害，會有刑責，不過目前製造病毒幫助別人犯罪的幫助犯刑責，卻比侵入他人電腦系統的正犯還重。另外，用試探性的方式取得使用者資料的「網路釣魚」日益嚴重，我國現在可用刑法偽造文書罪，或妨害電腦使用罪，以及相關法令規令處理，然而對日益翻新的犯罪手法，可能無法一一規範。

以現在電子商務的發展趨勢，對資安不容忽略，經營者和使用者都要注意資安犯罪的新型態，採取保護措施。例如，密碼隨時更新，也要適時提醒顧客不定期查對資料。資訊安全不僅是對

個人、企業甚至於國防都十分重要，現有的法律沒有完全專法針對這些來處罰，未來有必要研訂周詳且可順應趨勢的專法予以規範。

法學櫥窗 **電子商務**

電子商務（Electronic Commerce）是指在網際網路（Internet）、企業網路（Intranet）和增值網（VAN，Value Added Network）上以電子交易方式進行交易活動和相關服務活動，基本上運用電腦、網路和遠程通信技術，實現商務交易（買賣）活動，將傳統的商業活動過程電子化、數字化和網路化。

早在上世紀七〇年代，電子數據交換（EDI）和電子資金傳送（EFT）做為企業間電子商務應用的系統雛形，已經出現電子商務，其後因科技發達，其範圍越來越廣，項目也越來越多，目前電子商務可分成企業內部、企業間（B2B）及企業與消費（B2C）等多種類型，由於電子商務提高交易速度，節省開支，客戶聯繫便利，可全天候服務，強化競爭力，相信未來會更活絡與多元化，在公私與社會生活領域所占重要性越來越高。

慧眼識「無形資產」， 實質利益大

42

老張經營的電器行想讓兒子小張接手，但小張抱怨：「資金這麼少，如何打拚？」老張自信地說：「『有形』的不多，但『無形』的很多。」因為在南部四縣市有很多商脈，「很多店都是我們的經銷商，只要有合適的商品，可以很快銷售出去。」小張雖半信半疑，但是之後推出伴唱機很順利，覺得商脈受益無窮，才體會「無形資產」很重要。

無形資產之潛在利益可觀

小型證券公司的經營者老王，突然心肌梗塞過世，第二代小王對金融業外行，決定將公司頂讓出去。小王依辦公室設備等等資產所估算的價錢賣掉，老王的舊識聞訊，斥責小王：「這麼便宜，怎麼不賣給我？」小王反問：「最後成交價比原來多二成，怎麼說是便宜呢？」但小王不知道，證券客戶群就是一筆很重要

的「無形資產」，買家好好運用這種客戶延展權，可以成為發展事業的基本客源。

還有一位阿公，因為孫子唸了冷門科系，畢業後求職不順，他看在眼裡，就跟孫子說：「大同路夜市的咖哩飯攤位就給你去經營吧！」沒想到孫子不願意，倒是孫媳婦很高興，因為她比他「識貨」，知道那個地點車水馬龍，商機很多，賣咖哩飯的生意原本就很好，遠超過一般上班族的收入。

在今天工商發達的社會，有形的資產大家都很了解，但無形資產比較陌生，其實無形資產不僅商機無窮，潛在利益更是可觀，有敏銳度的人都知道它是一個實質的利益，充分把握，可以化為錢流。

像現在有線電視系統業者，每次出售時動輒數十億元，十分可觀，但它的不動產、機器設備頂多值幾億而已，外商為何願出高價來買？其實外商算得很精明，之所以會用有形資產的數倍價錢買下，是因為可以買到的還包括有線電視用戶，而這些用戶不會跑掉，有人算過，每一戶少說有五萬元的商業價值。

現在企業非常重視客源，平常在業務或商務上的推動，都會直接或間接取得客戶個人資料，事實上就具備無形資產的性質，所以有利可圖，只是個人資料保護法公布後，有許多限制規定，在利用這些資料時要合乎法律的規定，然而這些個資也是企業的無形資產。

常常有很多熱情的創業人士推出產品，卻苦惱不知如何布局

通路，讓東西順利銷到市場，來獲取利潤。跟通路商接洽時，才知道有上架費，而且數目都是幾十萬甚至上百萬，還不能保證銷售量，所以超商、大賣場、連鎖商店等通路的商機也是一種無形資產。

有一茶葉達人，一、二十年來都到各山頭採購好茶，他是個信用可靠的人，風評好，因此有香港商人找上門請他當顧問，只要求他提供茶農資料，第一次出手就給200萬元，每年另給30萬元顧問費。達人納悶：「又沒有賣茶給他，怎麼會給這麼多錢？」但達人的兒子說，這就是知識經濟的代表，賣給香港商人的正是無形資產，也是別人所無，可說是無可取代的資產。

類似的例子，有一上班族的朋友厭煩朝九晚五生活，就到風光不錯的山上開設民宿兼營庭園咖啡，結果生意超好，有一位客戶看上，苦苦要求轉手，開價讓他滿意得很，因而想到這大有商機，於是精挑細選，陸續再經營其他民宿，炒熱生意就出手，五年下來，比他開工廠的友人賺得還多，享受到無形資產的妙處。

無形資產範圍廣泛，應納入財產權利予以保障

現在手機的功能越來越廣，其個人消費習性與個人特質常在使用過程被記錄下來，部分還裝有衛星定位功能，以致用戶個資完全被掌握，隱私受到侵害，連帶的這些個資有無窮商機，手機經營者握有此無形資產，成為許多廠商追逐合作的目標。

無形資產範圍廣泛，就看自己有無判斷力與敏銳度，而我

們所熟悉的智慧財產，就是典型的無形資產之代表，例如商標專利、積體電路布局權、著作權（除了著作權是採創作主義，其它都要登記），另外不能忽略的還有營業權、各種特許權、商譽，以及沒有登記的專利技術、營業秘密等。公司併購案中，會計師也常跟客戶說，品牌價值、客戶資料、通路系統，都是可以鑑價的範圍。

無形資產權，是一個發展中的概念，也是新興商業戰的標的，最近幾年來熱絡的企業併購活動已經突顯它的重要性，相信未來它的內涵會越來越豐富，型態也越來越多樣複雜。

無形資產

　　無形資（財）產是指不具實物外觀與形體存在的營業用資產，與傳統上有形存在的土地、廠房、機器設備等有形資產顯然不同，而且在企業價值上比重越來越高，可以構成競爭優勢，逐漸成為非貨幣性資產。美國SOP500的市價中無形資產就占到80%，足見在未來經濟效益中必占極重要地位。

　　大家熟悉的專利權、著作權、商標權等都是無形資產，即商譽、人力資源、企業文化等也算，所以無形資產可以分成二類：

　　（1）法定無形資產：專利權、商標權、著作權、積體電路、營業秘密、商譽等。

　　（2）非法定的收益性無形資產：如數位資訊、品牌信譽、人力資源、組織文化、經營位置、技術秘訣、通路等。

　　無形資產未來在財務、稅務、併購、股價、股份、融資、資產流動與企業發展以及企業總值上必占關鍵地位，目前有諸多交易與併購事例，都將無形資產納入標的；銀行在貸款時，也將它列為重要參考資訊。

　　在會計實務上對於無形資產非常重視，在法律領域內，也逐漸受到重視，因無形資產充滿不確定性，不具備實體性及高風險性，如何具體明確規範，尚待努力，但它是重要經濟

資源，具備高報酬性，應儘早使之成為財產權利的一環，予以保障。

 法學櫥窗 商譽

商譽向來為會計學所重視的課題，認為此種無形財產有其重要地位。

商譽一詞，就一般人所理解，是指企業的名譽、信用形象以及對該企業之信心等綜合認識，此種形成外界對該企業的信賴與信譽、對企業的成長與永續經營有相當密切的影響，企業經營群為使其公司口碑、產品或服務占有市場率，促進消費者的忠誠度與喜愛感，往往不遺餘力，當然帶來企業的實質利益。因此，美國內地稅法第197條的立法說明，認為商譽是行業或企業因預期消費者持續光顧所形成的價值，涵蓋基於該行業或企業的名稱、聲譽或其他因素所造成的價值。

在現行法令中已有諸多法律提及商譽一詞，如公司法第156條第5項、企業併購法第35條、貿易法第17條第5款等都已提及，只是未實質探討它的法律性質。

在財產利益的顯示上，無形資產有時比有形資產有更高利潤價值，相信未來在商場競爭上，商譽也必會占有重要地位。

科技法律戰，精采訴訟戲

43

　　科技發展的特色是進步快速、變化多端、日新月異、一日千里，所以科技業者之間競爭激烈，你攻我防，充滿諜對諜的意味，在商場上殺得頭破血流。連帶地，法律戰、訴訟戰也成為商場上的要事。

關鍵性技術取得專利，慎防仿冒侵權

　　多年前，有家W電子公司，被國外一家大廠控告仿冒，理由是侵害最新產品的一項關鍵技術。W公司舉出各種事證，強調自己沒有仿冒，只不過是各家同業生產同類產品必然使用的共通技術，不是什麼高明的「發明」；但國外大廠認為，重要技術是他們最先發明的，當然要受到保護。因此，檢察官提起公訴，兩造在法院攻防激烈、論戰精采，各報都以顯著版面報導。

　　電了、科技業者通稱的「關鍵性技術」，因為取得了專利權，依法言法，當然在保護之列，而同業在沒有新方法之前，為

了推出產品，又不得不運用到這種技術，不論多或少，就會被認為侵權。所以，很多國外的大公司研發這種技術後，在世界各地「攻城掠地」，逼其他業者高額和解，獲得「油水」多多。台灣的科技業與中研院也學會以同樣手法控訴國外大廠侵權，爭取應有的法律權益。

面臨這種被控侵權、仿冒的情況時，要有正面思維，有本事的話自己研發出一項「繞道」技術——就像處理心血管疾病，不裝心導管，就做繞道手術——避免牽扯。如果又能進一步超越與突破的話，也可能是一個新的關鍵技術，因而坐上霸主地位，笑看相關業者前來商談。

不然，就事前與對方洽談，或合作生產、委託加工，或致送權利金，締造雙贏的局面，切忌仿冒，因為這是下下策，只會自找麻煩。

遭同業控告，先別自亂陣腳

商場如戰場，很多大企業對法律的策略運用越來越高明，或一次告盡十多家同業；或擇定主要競爭同業，控訴其侵害智慧財產；或一次控告五家對手公司；或一個狀子告對手廠商侵害15項專利……。外行人看了覺得很可怕，而內行人一分析，知道這種案子根本不容易告贏，但何以大費周章？就是要騷擾，讓對方忙於應付、恐嚇讓對方考慮調整生產策略，有的利用對方兵慌馬亂時，趁機擴大市場版圖來壟斷市場。對方如果沒有好的因應對

策，常不自覺誤入其彀，自亂陣腳。

由於科技仿冒行為，涉及到刑事犯罪，例如著作權法、商標法等，所以有業者採「以刑逼民」方式，先提出刑事責任，讓對方感受到被起訴、判刑壓力，逼迫對方和解。如果對方不理、證據不足、犯行不夠或對方不願和解，再提出民事損害賠償訴訟；另有業者不提出告訴而採提出自訴方式，讓雙方在法庭上直接短兵相接。

在實際訴訟攻防戰細節中，有人聘請明星級的律師表示玩真的，呈現官司盛大的氣勢，給對方莫大的示威、示警壓力；有人在訴訟過程一再追加訴訟標的，本來只談違約，再告侵權、又主張背信，不斷出招，讓別人測不到底線；有的主張好幾個訴訟標的，又是先位聲明，又是備位聲明，又利用訴之追加、變更，等於不停變化位置，讓人眼花撩亂；有人則是慢慢秀出證據，例如先拿較弱的證據，讓人輕敵，再出攻擊性強的證據，出其不意，如此交互運用，像洗三溫暖，讓人疲於應付。

碰到上述各種訴訟不必心慌，不要自亂陣腳，站穩腳步，具有高度思維，好好蒐集資訊，深入評估分析，了解對方動機與目的，兵來將擋，採取有效對策迎頭痛擊。

先行攻防，掌握有利先機

例如，在科技法律戰中越來越被靈活運用的假處分保全程序，原先都採正面的假處分，好比甲公司對乙公司聲請法院裁定

禁止製造、加工組裝、出廠、行銷、銷售，具有強烈攻擊的效果，這法寶一出，往往讓乙公司叫苦連天；其實，屬害的對手，先下手為強，早早提出反擊，聲請法院禁止甲公司干擾我，不得限制我產製銷售。

另外有人在對方本訴過程，提出反訴相互抗衡；也有人先利用民事訴訟過程或刑事訴訟法的證據保全程序來示警立威；還有高明業者利用行政保全手法，例如海關實施假扣押或其他保全措施裁量基準及作業辦法、海關查扣著作權或製版權侵害實施辦法、海關查扣侵害商標權物品實施辦法、行政院公平會對於事業發展侵害著作權、商標權或專利權警告函案件的處理原則等牽制對方，類似這種攻防戰中，看誰有敏感度，能將資訊與時間點，掌握得恰到好處，先行攻防，把握有利先機。

為免天價索賠，事先做好因應

這樣的法律戰，也不能忽略公平交易的相關問題，例如獨占、價格壟斷。近年來，美國與歐盟就對台、日、韓（三星電子、友達、奇美、東芝、樂金顯示器、惠普、日立等企業）提告，認為有聯合操作價格，部分企業因此認罪協商，繳了好幾百億的罰款。

科技業的產值高，營收數字大，涉及侵權損害賠償時，常有「天價」索賠出現，所以營運時須了解所有流程涉及的智慧財產問題，也評量對手可能採用的訴訟戰法，有效因應，以免陷入法

律戰的泥沼。

法律基地

1.民事訴訟法第244條

2.民事訴訟法第255條

3.民事訴訟法第256條

4.民事訴訟法第259條

5.民事訴訟法第260條

6.民事訴訟法第268條

7.民事訴訟法第522條

8.民事訴訟法第532條

9.刑事訴訟法第2條

10.刑事訴訟法第319條

11.刑事訴訟法第338條

12.刑事訴訟法第487條

智慧變財產，企業競爭法寶

44

曾有多位企業人士向我提起，商業競爭的型態逐漸在改變，以前，同業比廠房大小、設備規模、機器新舊、生產線數量、員工多少等項目，來衡量企業大小與競爭力，沒想到時間過沒多久，現在，卻以智慧財產權來決定企業強弱，企業如果不知掌握，競爭力可能轉弱。

智慧財產權範圍廣泛，涉及的權利與種類繁多

智慧財產權的範圍很廣泛——著作權、專利權、商標權、營業秘密、植物品種權、積體電路布局保護權等等，還有新藥資料專屬權，也可算是智慧財產之一種；這些權利當中，著作權採創作主義，只要創作出來就得到法律保護，並不須登記；其他的智財權為屬地主義，要記得向當地的智慧財產主管機關登記。

很多人以為，每種智慧財產權是相互獨立、互不相干，其實不然，例如圖形創作或美術作品，可能有著作權、商標權、新式

樣專利權，又如電腦程式，可能有新發明專利、著作權等；又如積體電路布局，專利權與著作權可以同時存在，當中也有營業秘密的保護；再如植物品種也涉及專利發明與營業秘密，因此，智慧財產權可以有多層保護，平常多去研析它涉及的權利與種類，當它被侵權時可以多重救濟與請求賠償。

2000年以來智財產案件逐年增加，而從2007年7月智慧財產法院成立後，統計每年受理的侵害智財權案件都超過2,000件，以著作、商標、專利為大宗，侵害專利權的案件，常常侵奪專利品的銷路市場，甚至被仿冒品壟斷，影響最為深遠，也因它牽涉專業性與技術性，法官不完全內行，訴訟時間經常很久，造成當事人很多的困擾。

智慧財產法院成立，三合一訴訟新制度

侵害智慧財產權的案件，因有民事、刑事或行政三種不同類型，而分別由普通法院的民事庭、刑事庭以及行政法院審理，對於事實之認定與證據的取捨不一定一致，所以三種判決的結果發生衝突不一的現象，也因處理速度快慢不一，時間落差很大。為避免此種情形發生，政府特別成立智慧財產法院，它是一種三合一（民事、刑事、行政訴訟兼辦）的新制度，管轄案件包括專利法、光碟條例的一、二審民事訴訟案件、刑法商標法等智財的上訴二審案件，以及專利法、種苗法等一審行政訴訟及強制執行事件。在檢察系統為處理此類案件，也設立智慧財產法院檢察署。

授權收取權利金，熱門賺錢方法

查閱智慧財產局的資料，台灣的專利數量不算少，但較少看到轉化為實用的產品，而能變成具有高價值經濟利益的商品比例更是相對減少。可是，所謂智財權，在商言商，就是要轉化為財產，賺取利益才有意義，逐步漸進的商業化方式，除了自己生產、出售，或跟人家合作生產，或集資開發之外，最熱門的方法就是授權去收權利金，尤其是十分有稀有性、獨特性的智財，所收權利金必高，運用得法，可以讓智慧財產細水長流，匯成大江大海的獲利武器。

當前，台灣每年支付給國外的各式各樣權利金多達上千億，但反觀台灣取得國外的權利金並不高，原因很多，以專利為例，台灣發明的都是新型和新式樣專利，可收的權利金不高，而發明的專利較少有商業性，原因是欠缺整體性開發，常是不連續的、隨意性的發明。所以政府應有鼓勵整體性研發的政策，鼓勵研發具台灣特色的專利，便於外國一較高下，取得優勢戰略地位。

智財權鑑價技術複雜，要有確實評估能力

由於智財權的鑑價是複雜的技術，要考量前景、實用性、商品化程度、市場性、競爭力與潛在發展價值，企業本身對發展的榮景要有確實評估能力，讓對手了解它的可貴性，再加評鑑專家本身要夠內行，這樣在移轉或出售智財時，才不會賤價出售。台灣的業者往往過分謙虛，對於價值之評估保守，顯現不出價值

感，人家自然不會出高價。

　　較被忽略的「營業秘密」，在台灣的規範很寬，包括方法、技術、製程、配方、程式、設計等資訊，因為它「無色無相」，不像實體物品，不容易有實際感，常常讓人家覺得沒什麼價值，自己也不會好好保密與保護，對人家侵害也不太知道主張權利，大家所詬病的產業間諜為何容易得逞，與保護敏銳度有關，所以企業界對營業秘密要善加珍惜，訂定具體保密措施，有效管理，以維持競爭優勢。

　　台灣的經濟依賴工商企業界無限創新與靈活營運，尤其科技業，很多大企業投入人力、物力研發新技術，希望成為領頭羊，獨霸市場，但能否達到這個目標，首重得到法律的保護，所以有遠見的人都能體會未來商場戰場是法律戰，未來智慧財產權更是商場的核心議題。

法學櫥窗 **智慧財產權**

　智慧財產權已成為一個大家耳熟能詳的名詞，一般人也大抵知道它的內容，但還不是很了解它的涵義。從字面上來看，智慧財產權指的是與人類心智、智能活動所創造的觀念與創作有關，世界智慧財產權組織公約的規定，包括下列知識產權：

（1）文學及藝術與科學之著作。

（2）演藝人員之演出及錄音物與廣播。

（3）人類之任何發明。

（4）科學上之發現。

（5）產業上之新型及新式樣。

（6）製造標章及商業標章與服務標章，以及商業名稱與營業標記。

（7）不正當競爭之防止。

（8）其他在產業、科學、文學及藝術領域中，由精神活動所產生之權利。

　由上可見智慧財產權，不限於工業的傑作，在商業、農業、文化藝術上的新創見（作），也享有這種權利。

法學櫥窗 **植物品種權**

　　品種，依植物品種及種苗法的定義，是指某植物群體能獨立存在，經指定繁殖方法下，其主要性狀維持不變者，例如水稻、木瓜、鳳梨等。法律在保護育種者，他的受讓人、繼承人，可以申請品種權。

　　育種者指育成品種或發現，並開發品種之工作者，申請品種權之人要有排除他人生產、繁殖、調製、銷售、輸出入等行為（第24條），等於有專屬排他性。

　　這種對植物生命育種的擁有權，在鼓勵農界與生物科技的創新與進步，但有人認為這對農民大為不利，因買了一個品種很好的南瓜不能利用它的果實繁衍，而必須向研發者購買新苗，否則，侵害品種權的人，需負賠償責任（第40、41條），因此如何維護農民權益，政府須採取明確政策，目前與農民有關的物種，政府僅公告水稻。

手機簡訊，透露法律痕跡

45

　　有位辣妹與有錢的小開交往，但是小開跟她約會時都不提出需求，也不會表現得有所期待，不過，小開常在深夜利用手機傳簡訊表達你儂我儂的情意。辣妹趁機撒嬌表示不滿：「你說愛我都是假的，為何沒動作？」小開才心急去買訂婚戒向辣妹表白。當天晚上，辣妹傳簡訊表示：「當你把訂婚戒套上我手指時，感動得流淚，真想在餐廳大聲喊我是天下最幸福的女人。」小開也回訊：「順利戴上訂婚戒，幸福無比……」等語。後來，小開有變心跡象，辣妹心生一計，把手機簡訊拿給小開的父母看，表示二人已經訂婚，讓小開無從耍賴，姊妹淘都誇讚她高明。

簡訊不保密，反而易成呈堂證據

　　有一對夫妻感情向來不錯，一天，老公剛好忘了帶手機，手機響了，老婆打開一看，不得了，手機簡訊的內容盡是甜言蜜言，原來她老公同時跟三、四個女生來往，是個欺騙年輕美眉的

227

劈腿高手。事跡敗露的老公才學到教訓——簡訊其實不保密，很容易露餡。

有個學生上課心不在焉，常低頭若有所思，家長也發現他功課一直退步，就跟老師聯繫，但沒有成效，直到有一天，學生手機放在家裡，剛好有簡訊傳來，家長打開後，才知道原來他的孩子上課的時候都在傳簡訊，總算找出原因。家長通知老師，老師要求全班同學手機關機或轉靜音、振動模式，而且要放在桌上，防止簡訊滿天飛，全班上課氣氛才好轉，學生的手機通訊費也才大幅降低。

很多人不知道，以為只有電話可以被監聽，其實簡訊也可以被監視。曾有某大企業老闆透過簡訊指示祕書滅證，檢察官就依此串證事實來羈押他。法律規定，只要是利用電信設備發送、儲存、傳送或接收符號文字、影像、聲音或其他信息，都在監聽範圍（通訊保障及監察法第3條）。

對辦案的檢察官來說，這種簡訊監視比手機監聽還方便，因為手機監聽除非有現場現譯快報，不然還要事後再聽、再記錄，很費時間，也往往是談話後一般時間了，時間感與掌握度已消失。

有位警察在辦一件械鬥的案件，涉案人堅決否認，剛好有朋友打電話來，涉案人就跟警察說：「不信，你問問我朋友！」但是警察操作錯誤，意外按到簡訊，發現簡訊內容是他們同夥約好火拚。洩了底的涉案人只得摸摸鼻子認罪。

我們也看過妨害家庭的案件，發現太太利用先生不注意時，下載先生的手機簡訊，當做庭呈證據。也看到一些誹謗或妨害名譽案件，被告主張非信口開河或憑空捏造，提出有人傳簡訊給他的紀錄，再配合自己的偽裝與說明，往往安全過關，讓人沒想到簡訊這麼好用。因之政治人物在媒體爆料時，常秀手機簡訊內容，表示自己有憑有據，不是憑空捏造或隨意杜撰，只是內行人都知道怎麼回事。

商場上，有些企業的糾紛，來往過程的簡訊，也往往在訴訟實務上會被提出來做補強的證據，做為契約成立、當時雙方相互退讓的經過、同意更改契約條件等的佐證。

用簡訊謾罵或要脅，一樣構成犯罪

我們都知道，不能透過網路謾罵別人，但其實用簡訊，也有相同的問題，如果以妨害人名譽的意思，一封簡訊多人接受，也是構成公然侮辱或誹謗罪。另外被告要求被害人交錢，否則將殺害。被告以為，打手機怕被錄音，沒想到發簡訊更慘，反而更能證明恐嚇取財行為。

在此順帶一提，寄E-mail給別人，跟傳簡訊的效果差不多，曾有件共謀殺人的案件，被告甲多次寄E-mail給乙，都是短訊跟暗語，但經警察勾稽串連，二人間的共謀作為，脈絡分明。

還有毒販輪流使用手機簡訊與E-mail，以免販毒行為被察覺，但聰明警察也由此對出全貌，輕易手到擒來，漂亮破了一件

販毒案。

違法監視他人簡訊，涉嫌妨害秘密罪

　　手機通訊內容，是個人隱私資訊，不得輕易窺探，如果違法監視他人手機簡訊，構成犯罪；而明知是違法監察通訊所得之資料，無故洩漏或交付，也觸犯刑章，徵信人員利用此方式取得他人行蹤及通訊內容，要小心觸法。曾有人將「小三」（第三者）手機的簡訊內容照相，以便威脅小三，被控告妨害秘密罪。

　　現代科技進步，也還是無法逃離法律的規範，所以提醒運用科技時也要注意使用上的法律問題。現代人越來越聰明，你傳可疑或辱罵的簡訊給別人，對方故意不刪，以便保留法律追訴權，有備無患，屆期簡訊證據，讓你吃不完兜著走。

法律基地

1.通訊保障及監察法第3條

2.通訊保障及監察法第5條

3.通訊保障及監察法第24條

4.通訊保障及監察法第25條

5.刑法第315條

6.刑法第315條之1、2

7.電信法第56條之1

8.刑事訴訟法第159條之4

9.民事訴訟法第277條

第 六 部

司法事務

46 司法為民，全民司改

47 柔性司法，落實弱勢保護

48 提升訴訟效能，增強司法信賴度

49 司法新人力，疏解訟案大塞車

50 搞懂「眉角」，求償不必打官司

51 沒錢打官司，救助管道多

52 自助打官司，妙招大公開

53 一起偷東西，獨樂樂不如眾樂樂？

54 犯罪故事，無奇不有

55 馬路怎樣走，交通規則說分明

56 車禍責任誰來扛？過失判定是關鍵

司法為民，全民司改

46

傳統的華人社會中，民眾十分崇拜包青天，然而在當時允許刑求取供，這並不符合現在的民主法治要求，大家認為像電視劇包青天那樣刑求逼供，事情就能輕鬆解決。其實民眾底層的思維不應是同意刑求逼供式審問，法律應當像包公一樣，有魄力、能懲奸除惡、伸張公義、保障好人，這也是司法最重要、也是最可貴的價值，司法人員應多多深思箇中奧妙。

近幾年，司法工作受到高度關注，許多案件的處理，因不符合國人期待或國民情感，而遭到無數批判與指責，舉例來說：

──性侵案輕判，理由是未違反女童意願，因女童當時沒有明白反對；

──強吻女子不算是猥褻，認為這是國際禮儀；

──江國慶冤死案，報紙指因辦案中有冤獄文化存在；

──搜索車輛大陣仗，承辦人員回應是程序所必要；

──偵查過程連續洩漏案情，不遵守偵查不公開原則，卻反駁

辦案人員從未洩密，是記者自己拼湊的；

—判決不犯贓物罪，理由竟是如知贓車也不敢開在路上；

—流浪法庭30年，辯解是刑事訴訟程序使然；

—圖利定罪率很低，歸咎院檢見解不一。

司法改革，與民眾期待有落差

外界存有很多的疑問，對於司法界的解釋，更是百思不解，中間落差如此之大，原因何在？也因此各界對於司法改革的聲音也越來越強。

談到司法改革，十多年前全國司改會議時，曾做出諸多決議，其重要方針包括：實現司法為民觀念、建立辦案正確觀念、提供合理審判環境、推動公義訴訟制度、實施跨世紀之現代司法制度。但已經過十多年，司法仍常出現狀況，外界並不甚滿意，問題出在何處？有人就提出改革重點應該是典章制度改革，組織人事調整，訴訟程序變動以及負荷簡化、減輕化。

但是這些真的是人民所期待的司法改革嗎？應該不全然是，因民眾關心的不是典章制度的改變、審判程序的修正以及人事調整，關鍵在於是否以當事人為本？考量訴訟的便捷性？案件能否將問題一併了事？人民有無參與機會？是否重視民主機制？辦案人員審案心態？能否發揮公義價值？事實上這些都是軟體問題，也是司法軟實力的實踐。

全民的司法，司法為民

法務部在十多年前曾經對民眾調查對檢察人員的期待，得到的結論很簡單，就是：（一）態度：期待辦案人員能尊重當事人，以和藹態度問案；（二）時程：辦理的速度快速，講究效率，不要讓案件睡著了；（三）結果：處理案情的結果符合期待、合於實情，結果正確。其實這些是民眾普遍對司法人員的期待，陳義實在不必太高。

全民的司法，司法為民，就是司法改革新視野。首先要多省思下列問題：（一）是否只是屬法律人的司法？（二）是否為實踐法律精神的司法？（三）是否為不可知、不可測的司法？（四）是否只是司法人員的司法？（五）是否為解決社會問題的司法，或者更是延伸開創社會問題的司法？這些問題考量清楚，司法為民的圖像就很清楚了。

要開創司法的價值，必須讓司法作用立基於合理性、展現公正性、發揮實效性、創造價值性、啟動自覺性，重點在使民眾相信司法因多數人需要而存在。是以，司法必強調貫徹剛強性之外，更應將柔性觀念穿透在所有司法工作上，重視民眾法律感情，實現法律公義價值，提升擴大司法效能，有效解決社會事務，採行民主參與機制，深化司法保護工作，促導司法人員自覺反省，健全外部監察機制，更重要的是，建構以訴訟當事人需求為主軸的訴訟程序。同時司法人員應具有良好人文涵養，以

寬容、寬懷、利他的心，能視一般民眾如同自己的親人，公正、公平決斷案件，有效能解決民眾的法律案件。

法學櫥窗 ## 偵查不公開

檢察官與司法警察在偵查與調查階段，主要是在調查事實證據以及查明犯罪嫌疑人，所以涉案人是否構成犯罪、事實真相為何？在還沒確定前，為保障人權，顧及其名譽與隱私，刑事訴訟法特別規定：「偵查，不公開之。」（第245條第1項），也就是大家熟悉的「偵查不公開原則」。

「無罪確定原則」是刑事訴訟法中一項人權保障原則，與偵查不公開原則相互輝映，但媒體上常看見辦案人員大規模搜索、大動作勘驗現場、人犯在現場演練、辦案人員侃侃而談案情發展、以批判語氣評論相關人員涉案情節等報導，讓一般人很輕易誤認涉案人犯罪、犯罪情節重大等印象，姑且不論名譽、隱私是否受損，但顯然與無罪推定理念違背。

法務部為規範辦案人員依法辦事，頒訂「檢察、警察暨調查機關偵查刑事案件新聞處理注意要點」，提到為安撫民心、維護公益、促請民眾協助、澄清視聽、呼籲共犯出面澄清，可以適度公開，然而印證現實社會事例，媒體公布或出

現之報導或畫面，不難評斷辦案人員是否遵守此規定。

由於偵查不得公開，因之偵查訊息是屬於公務秘密事項，不得任意洩漏案情、證據資料，如有違反時，公務員涉犯刑法第132條第3項的洩密罪，辯護人、醫師、社工人員可能犯刑法第316條洩漏案情業務上秘密罪。

柔性司法，落實弱勢保護

　　很多人都認為當一個司法官很了不起。我很長時間在司法界工作，擔任法官或檢察官，私底下常跟朋友說：「司法官的工作大部分是在聽人說『謊話』，因為當事人在法庭上不太會說出實情實話，幾乎都是在為自己辯解，難免與事實有出入。」

　　法官的確是一個神聖的工作，可是法官不是神，當一件殺人案件發生，「兇手不肯說實話，死人又不會說話」的狀況下，你要如何分辨事實的真假？不是讀熟法律學識就足夠，應當有謙虛的態度，以負責任態度設法釐清案情，做出最好的裁決。

司法案件爭議多，要能體察民意

　　目前司法案件有很多的爭議，其中原因很多，部分是一般人對司法不了解，也有些是和司法人員的態度或做法有關，例如案件的處理，出現「小案大辦、重案輕辦、常案久辦」等現象；有些案件很久未確定，形同讓當事人流浪法庭多年；又如不遵守偵

查不公開原則，洩漏案情如同連續劇，外界不解視法令為何物；再如監聽電話時，揭露與案情無關的個人隱私，讓當事人飽受困擾，不是煩惱案件，而是擔心私密外洩，真是氣憤難平；又如有些人喜歡出名，大案越辦越出風頭，卻處理不高明，反而伴隨不少負面聲音；另外有「恐龍法官」，違背國民期待，外界指責不知民間疾苦，對於民眾的觀感不痛不癢，以上這些都牽涉司法官修為與涵養，能否視民如親，感同身受。

要建立民眾對司法的信賴，應該檢視民眾詬病的問題，好好反思人民的想法，不能只問人民懂不懂得司法，重要的是司法懂不懂得人民的看法？能否深刻認清司法是為多數人需要而存在？司法是否能正視多數人的共同期待與意志？

其次，認清人民要的司法是普羅大眾的司法，是社會生活的司法，是可預期性的司法，是容易親近的司法，同時，是可以保障權益的司法。簡單來說，司法需深入人心，要深得民心，關鍵在於司法是否是軟性的、是柔性的。

柔性司法觀念，發揮關懷利他精神

大家對司法的認識，大都是剛性司法的印象，它強調公權力、強制性、權威性、陽剛性、自主性。

最近幾年，我首度提出「柔性司法」觀念，它重在非典型的權力作用，以柔性思維去解決當事人問題，不重視強迫性，而在發揮無形約制力，希望本於平等原則建立信賴、互利的司法

環境，進而容納關懷與利他的精神，發揮人性溫暖的司法公義價值。

我經常在海峽兩岸提倡與闡釋「柔性司法」的司法改革理念，期待司法人員有豐富人文涵養，以民為本，有顆柔軟、包容、關懷的心，體察民情，辦理結果力求符合民眾期待。同時，時時體會民眾所要的司法是何種圖像，不能秉持剛性司法的傳統，自以為是，自我封閉，不求進步。

彰顯公義，化為關懷

像現在社會強調弱勢族群的保護，司法系統內何嘗沒有弱勢人員？例如當事人中有許多缺乏法律常識，有人對訴訟程序相當陌生，有人見官怕三分，不知如何以對，有人所犯情輕法重，不知怎麼要求從輕發落，有的不會提出事證來保護權利，有人權利受損不會請求救濟……，這些當事人問題不善加處理，縱使是公正司法官也常常不易得其情，究其明，所做司法裁決與實情實相仍然大大相左，不但不能令人信服，反而激起更多民怨。解決之道，儘可發揮柔性司法功能，體現柔性司法精神。

柔性司法的運用空間很廣泛，不單單是在偵查、審判工作上，以及執行（監獄、看守所）工作上，還可以擴大到預防犯罪與法治教育，讓柔性司法的命題更廣，實務驗證加重，實際效能加深。

近幾年司法工作已發生質量變革，朝現代化、國際化、專業

化、福利化與人性化目標前進，也努力朝「公義化為關懷，彰顯公義」目標前進，展現新思維與新觀念，這正是柔性司法最能表現的特性。

法學櫥窗 司法保護

司法保護，旨在預防犯罪與防範再犯。

傳統的見解是「Rehabilitation」之概念，指對犯過罪的人採取更生復健，採取各種治療、教育、訓練等手段，使其改悔更生，重新適應社會，以預防再犯，屬於去機構化的矯治與復健，主要範圍包括觀護工作及更生保護。

近年來因為刑事司法進步，司法保護進化為「Judicial Protection」，指經由司法體系，對於人民一般權益提供周密之保護措施，除於「偵查」階段之前增列「預防」階段，採取諸多預防性制度進行各種犯罪預防工作，偵查中、審判中、執行中之保護，以及出獄後的觀護與更生保護，現擴大包括犯罪被害人保護工作，因此，現在司法保護體系位於弊體刑事案件處理流程的啟程到最終階段，每個階段對於刑事政策的達成具有關鍵性的地位。

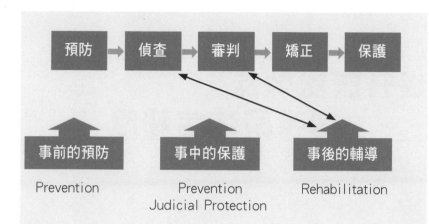

Prevention | Prevention
Judicial Protection | Rehabilitation

　　法務部推動司法保護業務，成立保護司負責推動，目前法院的少年觀護工作、教育系統的法治教育、犯罪預防活動，警察局預防預防工作等都是司法保護範圍，可見司法保護範圍極廣，涉及政府各部門業務，徹底執行，可減少犯罪率。

提升訴訟效能，增強司法信賴度

48

早年土地價值不高，老一輩共有土地一起居住，相安無事。等到市景繁榮，打起土地分割訴訟，老人家堅持多分一坪也是好事，主張巷弄不必太寬，大家同意留下二輛機車可來往的通路即可。過沒幾年，附近地價大漲，這地區卻遲遲漲不起來，原來巷弄狹窄，兩旁高樓林立，改建不易。年輕一輩不明原因，還怪主審法官沒有土地最大化利用的經濟觀念。

小案大辦，正義不計成本？

在一個演講場合，有一位企業家問我，同業有一位董事長因投資背信案被偵辦，有一天來了四、五十個辦案人員，拿搜索票到公司搜索，他懷疑案件並不複雜，為什麼如此大陣仗，是不是人力很充裕？

也曾有律師向我反映，由於測謊的準備工作需大費周章，但

有辦案同仁對於不吐實或不配合的被告，都要求接受測謊，而且連普通案件也要測謊，例如車禍案、偽造文書、貪瀆案，讓他的當事人緊張得很，讓他一直思考有無必要，合不合經濟效益。

我在當檢察長時，曾對一位民眾的來信留下印象，他信中先是讚揚檢察官有所作為，再提及他告人侵占、偽造文書，情節重大，對方惡性很重，希望我督促檢察官「嚴辦」；過了五個月，他又來信，語氣已有不悅，指責承辦檢察官辦案拖拖拉拉，二個多月才開一次庭，影響他到海外接洽業務的進度，信中於是改稱：不奢求什麼，只希望「趕快辦」，我也催促檢察官，他答應積極偵辦，但卻查證無方，一直下不了決定，惹火了告訴人，再來信時語氣已諸多無奈，拜託「隨便辦」，快結案就好！

另外，有人偷了六個泰國芭樂，被一審法官判了一年徒刑；有人將桌上的十元小佩飾私自留下，被判處拘役三十日……，很多人納悶，案情很輕微為何也有這種結果，這是在彰顯正義嗎？是否代表正義不計成本？

以上這些事例，都與司法經濟效能有關係。大家都知道，凡事投入小成本，獲取大利益是最好的結果，司法何嘗不是如此？尤其現在民意高唱司法改革，如何提升司法效能實在是重要關鍵。

提升司法經濟效能，訴訟制度人性化

經濟學上討論的課題很廣，從個體經濟談到總體經濟，大抵上環繞：（一）需求與供應；（二）價格與數量；（三）成本與效益；（四）短期與長期；（五）個體與群體等議題，引進到法學領域應用，可使法律效能提升。在民刑事個案的偵審中，參考各種經濟理念，體會越深，靈活運作，相信更能辦好案件，提升效率，滿足當事人訴訟的需求。

依「魯賓遜分析法」（The Robinsontion Approach）所強調的平均值，在觀察司法人員在群體的表現，了解其產值（生產力）與實際能力，再加上相當時間的總體評量，大致可得悉他的實力與辦案功力，作必要的職務調整與提升知能的研訓。

隨著社會與環境改變，民刑事案件量增加，無法對大小案件投入相同人力與物力，從機會成本觀點，不得不選擇重大刑案，尤其是暴力、殺人、縱火、綁架、強盜及性侵害等案件是偵辦重點。又為了實施交互詰問的需要，比較輕微的案件選擇用緩起訴處分、聲請簡易判決處刑等方式處理。

訴訟制度一直在修正，讓新制更符合人性，契合當事人需求，滿足訴訟經濟原則，妥速適當裁決，實踐公平正義精神。當中更要運用經濟學的理念，以效用最大化原則來探討緩起訴處分之效益。如被告犯罪情節不重，檢察官命令被告從事義務勞動或繳交公益金或賠償被害人，讓被害人心理或金錢得以補償；被告在從事公益勞務中，激發回饋心，國家不必擔付服刑費用，可得

到最大經濟利益；又如被告對於自己行為已坦承犯罪，不必再費時費力實施交互詰問，法官改用簡式審判程序，盡速結案，被告也可免於訟累。再如量刑協商，讓有意改過自新，接受法律處罰的被告，可以便捷結束官司，依認罪內容執行。

司法處遇多樣化，解決問題快速便利

司法處遇多樣化為當前解決民刑事案件的一大特色，包括轉介調解、勸導息訟、快速偵結、運用汙點證人、窩裡反條款辦案、司法轉向制度、家事調解、民事調解、小額訴訟、簡易程序、簡式審判程序等機制，在民刑訴訟法中有其便利性，得以快速解決問題，有本事的司法官將它發揮盡致，既「了案」，又「了事」，創造多贏局面。

集中審理使言詞辯論集中，能高效率進行審判，以節省法院與當事人時間，符合「迅速裁判原則」，因此不論民事訴訟、刑事訴訟及行政訴訟，均應力行實踐，主管當局應訂定獎勵辦法，協調律師公會配合，有效改善現有未能速審速決問題。

針對財經金融案件，由於涉及的金額極大，對象極富盛名，對企業產生極大影響力，一經啟動偵查，大規模搜索，大批人力投入，常常驚動社會，震撼股市，偵辦當時案情滾滾外洩，轟轟烈烈，最後以小事收案或無罪、輕罪確定，投資報酬率極低。其實貪瀆案件也有類似情形，都應該有新的戰略戰術做法，將偵辦不法與查扣不法所得，列為偵辦二大要項，達到成本與效益等價

同值目標。

　　對於案件偵審結果，是否報償正義代價？能否彰顯公義價值？常為民眾矚目的問題，例如重案是否草草結束？大案是否定罪？有無重罪輕判？如僅是雷聲大而雨點小，民眾當然失望。探討原因，不外乎事實未能查明，證據未能充足齊備，加上嚴重洩露案情，自傷傷人，應重新思考、參酌經濟成本效益原則，提升定罪率，展現公義價值。

　　正義無價，但要不要計算成本，值得深思；又，司法工作，要不要有效率、效益與效能思維，也是提振司法公信力的關鍵議題。環顧司法改革來時路，展望未來司法改革前景，精算合理成本，提升高度效能以及開創司法系統價值，應是新司法觀的軸心。

法學櫥窗 **法律經濟學**

　　自1968年，美國學者發展法律經濟學科以來，法律與經濟跨領域的結合，逐漸影響到其他國家。當羅納德‧科斯發表社會成本問題以來，引起學者高度重視，先後有諾貝爾經濟學獎得主、芝加哥大學教授蓋瑞‧貝克，克拉克獎得主、哈佛大學經濟學教授安德雷‧司萊弗，麻省理工學院經濟學教授達隆‧阿其默魯，聯邦法官理查‧波斯納等人投入研究，逐步建立其體系與構造，近幾年來，台灣也在學者提倡下，逐漸被重視。

　　法律經濟學乃從經濟學成本效益觀點，探討法律形成、結構、操作方式以及執行法律所產生社會經濟效益等命題，其重點在對法律做經濟分析，從數個面向來研究，舉例而言，其一是從供需理論，研究法律規範的存在，能否有效解決社會事務問題，二者的投資報酬是否達到期待目標；其二是價格理論運用，來預測法律對一般人行為改變狀況，如公平交易法對於廠商獨斷、寡占之約制情形；其三是研析法律適用時，產生的經濟效益，其成本與效益的實際影響，如認罪協商與訴訟經濟吻合程度；另外也從邊際替代遞減率、效益最大化等，探討法律執行與操作的現象與顯現的成效。

司法新人力，
疏解訟案大塞車

49

　　某甲問我，說有男性檢察官傳喚他二、三次，結果每次到場問話的人都是一名女性，某甲請教她一些程序問題，她都未正面答覆，「似乎做不了主。」又有某乙問我，說他看中一間法拍屋，但發現主持拍賣的人不是法官也不是書記官，結果還是拍定了，懷疑它的效力。他們想知道，為什麼檢察官和法官不在場？

　　其實，這十年來，社會進步、經濟發展，連帶司法案件急速增加，例如強制執行案件，但檢察官、法官人力無法大幅成長，為解決人力不足，司法系統開始引進新人力，就像上例某甲遇到的「檢察事務官」，以及某乙看到的「司法事務官」。

司法新人力，檢察事務官與司法事務官

　　在檢察系統，很多會計、資訊、工程相關案件，都不是檢察官的專業強項，所以辦案常不能直搗核心、切中要害，時常會拖

延很久，所以設置「檢察事務官」來協助，例如搜索、扣押、勘驗現場，以及訊問告訴人、被告或證人，或（公訴）蒞庭，甚至偕同法醫師相驗屍體。有關相驗屍體工作，檢察署設有法醫師或檢驗員負責處理。

另，法案審理期間，他們可以蒞庭陪同、協助檢察官，這常見於財經金融案件，例如有會計背景的檢察事務官到場適時提供專業參考，以及分析鑑定人和證人的資料。有法律背景的檢察事務官也可依檢察官指示，蒐集證據、分析案情、提供偵結報告……，可以做的事情很多，民眾對他們的訊問不可掉以輕心。

根據統計，2007到2009年，台灣地區（不含金馬）18個地方法院的法拍案超過五萬件，平均拍定率一到二成。法拍案件「大塞車」，造成法官不堪負荷，尤其是業務案件繁忙的法院，民、刑案件增加了，案子多、複雜度又高、還有交互詰問制度，因此結案也慢。所以，司法院設了司法事務官，2009年1月開始上路，對清除舊案大有助益。

司法事務官專責的「事務」，就是辦理一般非核心的案件，例如調解、保全、返還擔保金、公示催告等程序案件，或者非訟事件，以及拘提、管收以外的民事強制執行案件，也可以依法官命令，彙整起訴及答辯要旨、分析案情、整理事實和法律疑義，和製作報告書（判決書）。內行人都知道，其實他們有相當影響力，曾有多件有關企業經營權奪戰的假處分，與強制執行拍賣事件，就是由他們處理。

另外，法官還有助理。有民眾去法院開庭，看到旁聽席上有人不斷把內容鍵入筆記型電腦，法官未制止，審判長還會配合他的打字快慢，但他不是當事人、辯護人，也不是旁聽者，民眾十分好奇。此人就是法官助理，而且這個制度已存在十多年，工作就是協助法官處理訴訟案件，包括分析案情、整理與釐清事實、提供法律意見、製作裁判書、整理報告等。所以，法官助理要到庭，才比較有「臨場感」，要協助處理案件，較合於實際狀況。

廣納專業人才，辦案更妥適周延

智財法院採民事、刑事、行政三合一審理制，也設置了「技術審查官」，工作有點像法官，可以辦理智財技術判斷、技術資料的蒐集與分析、提供意見、參與訴訟程序，對當事人、鑑定人或證人發問。

地檢署和少年法庭還有所謂「成年觀護人」和「少年觀護人」（稱為少年調查官、少年保護官），像前陣子紛紛擾擾的性侵害案件，大家提到如何輔導與矯正這些個案的不良行為，就要借重觀護人。少年法庭又多了心理測驗員和心理輔導員、佐理員，來協助處理少年觀護事件。

在地方法院有些單位的業務並非處理訴訟案件，如公證處、提存所、登記處等，分別置公證人（現在也有民間公證人制度）、主任及佐理員，負責處理公證、提存、非訟、法人登記等等事務。

在一般刑事案件中，被告可以隨時選任辯護人，而犯三年以上重罪、內亂外患罪，或智能障礙者的案件，則是強制辯護，由審判長指定「公設辯護人」，他們不會向當事人收取報酬，待遇比照司法官（法官、檢察官），任務就是保障被告的防禦權。

司法系統廣納各種人才，地檢署還有法醫師、檢驗員，辦理相驗屍體、驗傷等工作，也有許多司法志工（觀護志工、更生輔導員、犯罪被害人保護志工，以及矯正志工等），就是期待案件辦得妥適周延。

法律基地

1.法院組織法第17條

2.法院組織法第17條之1

3.法院組織法第18條

4.法院組織法第19條

5.法院組織法第20條

6.法院組織法第21條

7.法院組織法第66條之2

8.法院組織法第67條

9.法院組織法第68條

10.智慧財產法院組織法第15條

11.法醫師法第9條

12.少年事件處理法第5條之1、第9條

13.公設辯護人條例第1條

14.調度司法警察條例第1條

搞懂「眉角」，
求償不必打官司

50

　　到法院打官司，不見得就可以得到應有的賠償。從權利的角度看，如果受害人懂得從法律上三種不同層次（民事、刑事、行政）著手，選擇對自己最有利的方式，就可以又快速又有效地制裁犯法侵權的人。

　　以占地建屋為例，這種情況在民事上可以告對方無權占有，請求拆屋還地；刑事上對方也有竊占罪的問題，可請檢察官偵辦；但是最簡單的辦法應該是以行政規範「違章建築」的角度，找地方政府出動「拆除大隊」拆掉違建，連官司都不用打。

拆除違建勿留禍根，仿冒品出口前先查扣

　　以前我處理一件更審的拆屋還地官司，第一次去看現場，空無一物，我很納悶，沒有占用事，何以官司打不停，地主才說他無意中查到這些房屋都是違建，陳請當地縣市政府拆除隊來拆，

本來無效，經不起他三天兩頭去催辦，拆除隊在上訴最高法院期間強制拆除。真是高明一招。

順便提醒，有些案例是把占地建屋的人趕走，但是仍留下房屋未完全拆除，這其實有很大的後遺症，該人如再來占用，將形成新的無權占有，要趕他走，一樣大費周章；如果又有其他人來占有這些房屋，會成立一個新的占有事實，到時候又要再告一次；千萬別留下這種禍根，必須一氣呵成把違建房舍拆得乾乾淨淨。

在商場上，仿冒也有三種責任，所以，如果有企業得知不肖業者的仿冒品在貨櫃廠，即將運往海關出口，除了緊急請檢察官查扣，或聲請假處分，或請主管機關（經濟部國貿局）適時把仿冒品擋下來，雙管齊下，不必等到官司打完要採取行動，仿冒品早已出國，乾著急，也沒有用了。

公司拒付資遣金，可找主管機關協調

再以公司違規終止勞動契約，卻拒絕給付資遣金為例，一般民眾可能會告上法院尋求民事賠償，但這樣官司會拖很久；有些高手懂得找主管機關（行政院勞工委員會或縣市政府勞工局）協助，在主管機關有利協調下，資方往往和解了事，事情很快就能得到解決。

再舉例，有人在菜市場跟攤販吵架，吵得面紅耳赤，結果顧攤位的婦人認出他身上穿的是某機關的制服，便問他：「現在是

早上九點半，您怎麼可以出來買菜？您有請假嗎？」對方馬上住口，快速離去，不敢再囉嗦。

請主管機關取締罰鍰，比打官司有效率

各政府部門有其權責，各行政機關有其行政權限，只要涉及人民生命身體健康、環境維護或公共利益事項，主管機關依法都有處理權限，內行的人就會透過這些行政權限要求或施壓主管機關負其職權，依法照章取締或處理。例如健康食品廣告不實，受害人向該公司理論無果，就請求衛生單位取締罰鍰；再如公共樓梯間擺雜物或堆放東西，也不必訴訟，請求主管機關罰錢逼他搬走；另如環境髒亂不清除，跟他交涉沒有效果，還不如向環保機關投訴，予以取締罰鍰。

事實上，我們在處理事情的時候，就是要有「眉角」（台語，意為訣竅），才能正中要害、恰到好處。像上面菜販的例子，話一出，直接掐住對方脖子，對方氣勢就弱了。所以說，有時候只是掌握一個講話的技巧，或有效的方法而已。

曾經，有名校長很喜歡插手學校合作社的事務，合作社的主席敢怒不敢言，後來這位主席有次寫公文時，故意把「呈閱」改為「敬會」字眼，讓校長知道合作社的事務並非校長權責，校長才因此知難而退。

像我們從台北到高雄，要坐高鐵還是台鐵？搭巴士或是自己開車？應該找最合意、最輕鬆的路走。

法學櫥窗 法院系統

當權利受害，或與他人發生糾紛，或對行政機關的行政處分有所不服時，應依法主張權利或尋求救濟之道，方法不外乎是：民刑事訴訟與行政訴訟。前者係由普通法院管轄，後者由行政法院處理，兩者受理機關不同，處理的程序也有異。

一、普通法院之體系：

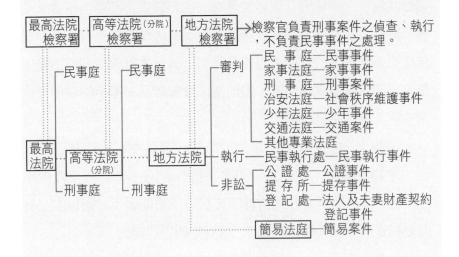

二、行政法院體系

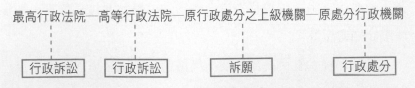

違章建築

違章建築，指沒有請領建築許可執照以前，就擅自先行動工興建的建築物。因為所有建築物，必須依照建築法第25條第1項規定，先向縣主管機關依法請領建築許可執照，才能動工建造，否則就是違建。

分析違章建築原因，有可能是未申請建造執照，有可能是未領到使用執照的建築物。大致上可分為兩類：

（1）程序上違建：指沒有領到建築許可執照，就先行動工建築，此類建築，僅程序有疏失，得依法補辦執照成為合法建物。

（2）實質上違建：指建築物本身在都市計畫、空地比率、基地產權、建築物構造等，其中有一項不符規定，或占用巷道及堵塞防火巷等情形。一般無法補辦執照而成為合法建物。

又依加蓋位置來區分違章建築，分成全部違章建築、法定空地違章建築、露台或陽台違章建築、防火巷或隔間違章建築、屋頂平台違章建築等，因此就是合法建物，也得注意那些部分是不是違章建築。

各縣市政府對於違章建築，依經費或人力的排定順序，派員拆除，依照違章建築處理辦法第10條規定，對建築師、營造業及土木包工業設計、監造或承造違章建築者，依有關法令處罰。

沒錢打官司，救助管道多

51

　　某企業掏空案，被告人數多，律師團也擺出大陣仗，浩浩蕩蕩地出庭，庭上侃侃而談。緊接著的下一個庭期，則是個車禍案件，被害人眾多，但沒錢請律師，被告則請了兩名大律師，卯足全力為他據理力爭，氣勢比不上被告的被害人講得有氣無力。對照前一庭的掏空案，讓人深感知識弱勢，攻防陣仗也跟著弱勢。

　　類似的例子還有某民事環保賠償案件，受害人要求公司、公司負責人以及廠長賠償，但公司請了四名律師，庭上發言犀利，反駁時振振有詞，還提出很多相關專業知識，受害人聽也聽不懂，攻防上受制，也變得「有『氣』無力」。

免費訴訟輔導途徑多，裁判費用可聲請暫免繳納

　　同樣都是被告，情況差這麼多嗎？

　　其實，訴訟不是有錢人的權利，法庭也不是「好 人」（有錢人的台語發音）的天堂，法律講究公平正義，為了彌補上述經

濟、社會上的弱勢者，有許多措施，可避免他們在法庭上更顯弱勢，索賠無門，窮上加窮。

一般來說，上法庭需要法律知識、訴訟費用以及律師出庭。法律知識方面，現在網路發達，我們可以上網參考資料，或買書來看；或者尋找免費的訴訟輔導途徑，管道很多，比如犯罪被害人保護協會、軍中訴訟輔導，一般人也可以到法院或地檢署的櫃台詢問，資力有限的人則可以請求法律扶助基金會。

至於費用，由於打民事官司要繳裁判費用，對經濟條件差的人來說是一大負擔，但可以依法聲請法院裁定暫時不必繳這筆費用，但限於非明顯沒有勝算希望的案子（民事訴訟法第107條的訴訟救助規定）。

以前我在勞工團體演講時，他們告訴我沒錢打官司，我就強烈建議他們參考這條法律，除了可暫免裁判費、訴訟費，也可以免提供訴訟費用擔保，以及選任律師暫免酬金。

其實行政訴訟也要繳費，沒資力的人同樣可以要求訴訟求助，大體上和民事訴訟救助內容接近。

因為他人犯罪而受害，犯罪的人被起訴後，可以在法院審理中提起刑事附帶民事訴訟，也不必繳納裁判費。

另外，被害人保護法第28條規定，當被害人向加害人要求給付醫療費、殯葬費、扶養費，以及減少、喪失勞動能力或者增加生活上的支出等等理由賠償時，可以暫免繳訴訟費用。不過，實

務上很少看到有人這麼做，也就是說，有很多人還不懂得利用。

善加利用法律扶助制度

某些案子，被害人怕加害人脫產，求償無門，因此會聲請假扣押，但需要三分之一的擔保金，如請求犯罪人保護協會出具保證書，就不必繳納了。

聘請律師出庭，也需要錢。依刑事訴訟法第31條，如果被告因為智能障礙而無法完全陳述意見，或最輕本刑在三年以上的重罪而沒請律師時，審判長應該指定公設辯護人幫他們辯護。對於低收入戶沒錢請律師者，也可比照辦理。偵查中的案件如果遇到不能完全陳述意見的被告，檢察官也應該指定公設辯護人。

除了這些法律上的強行規定，法律扶助基金會對於合乎規定的申請者，將讓律師全程參與出庭；律師公會的「平民法律扶助」也是如此。

有次我參加被害人保護的會議，有某位先生說他的太太被車撞死，無人賠償，他經朋友介紹到法律扶助基金會求助，官司就逆轉勝，也查扣到對方的財產。他講起這段往事的時候聲淚俱下，全場為之動容，現場志工也受到激勵，更決心要好好推廣這個制度。

這些好的制度，很多人還不懂得運用，等到官司輸了才怨東罵西，實在可惜。

法律基地

1.民事訴訟法第107條

2.刑事訴訟法第31條

3.刑事訴訟法第487條

4.刑事訴訟法第504條

5.刑事訴訟法第505條

6.犯罪被害人保護法第28條

7.法律扶助法第2條

8.法律扶助法第13條

9.法律扶助法第14條

自助打官司，妙招大公開

52

　　有句話說，天助自助者。上法院、打官司，如果多懂一些「自助式」的法律服務內容，能為自己爭取更多時間、氣力和金錢，也比較有贏面。

二合一訴訟，省錢快速好處多

　　我發現，多數人打官司都是民事歸民事、刑事歸刑事，其實不必這麼花力氣、繞一大圈，有更聰明、「截彎取直」的方法，那就是打刑事官司附帶民事訴訟，利用刑事訴訟程序，順便向被告請求賠償。

　　打刑事附帶民事訴訟，除了避免重覆訴訟程序、節省時間和人力外，還有一個很大的好處，就是不必繳訴訟費用。原來一審民事訴訟的訴訟費，以財產權訴訟來說，簡單算法是依請求金額每100元要繳1元（所以，標的在10萬元以下，要收訴訟費用1,000

元；10萬元到100萬元間，每萬元收100元），錢能省則省。

另外，採用這種「二合一」的訴訟辦法，連判決也可是「二合一」，刑、民事同時判決，有利於取得執行的名義，快速得到賠償。

附帶民事訴訟，對原告、被告都有方便之處，因為二件不同官司有機會一次解決，如法官再多加介入勸導，雙方和解機率也大。

原告方面，並不限於受害的當事人，有請求權的間接受害者（如當事人的家屬）也可以提起附帶民事訴訟。被告方面，除了被告本身，其他應該負起賠償的人，例如未成年犯罪者的法定代理人，或肇事司機的公司，也可以提出這項訴訟。

時間上，正在打刑事訴訟的人，只要在起訴之後的第二審辯論終結前提出附帶民事訴訟，就不必另外打民事訴訟。通常在詐欺、侵占、背信、交通車禍案件，有人會利用此方法額外收到「以刑逼民」的效果，讓原本不想賠償的對方，快速想要賠償或和解。

仿冒及侵害智慧財產權的案件，常因民刑事或行政訴訟，而分別由普通法院民事庭、刑事庭及行政法院分別審判，對當事人相當不方便，自2008年7月1日以後，設立智慧財產法院，依法成為三合一制度，由該法院全部審理。

「訴訟和解」恐怕是法官最樂見的，因為法官寫判決書往往要寫厚厚一大疊，很傷腦力和眼力，如果兩造要和解，法官就

不用寫判決書，何樂而不為？而且，訴訟和解跟判決具有相同效力，對兩造都有保障。

共同訴訟受惠者多，還可分擔責任與風險

如果一件訴訟案另有利害關係人，例如土地所有權的共有人，當原告打贏官司，其他人也將依法受惠，就可以打「共同訴訟」，由大家分擔責任與風險，妙處是，只要確定達共同訴訟的標準，就算對方拒絕一起當原告，也會被追加列為原告，同時，也可以選定一人或數人為訴訟當事人，其他人脫離訴訟。

另外，社團成員為達共同利益，可以選定以社團法人的身分打官司（民事訴訟法第44條），而像公害、交通事故、商品瑕疵等等影響社會多數人的案件，也可以由法院徵求同意後，以及經公告通知其他人併案請求，以團體訴訟。像不少消費者保護事件都是透過像消保會、消基會這樣的消費者保護團體起訴（消費者保護法第49、50條），新聞媒體也常有報導。

公寓大廈的住戶如果權益受到損害，或為維護全體住戶利益，可以透過區分所有權人會議或管委會處理，而且管理委員會有當事人能力，可以單獨訴訟。又公益團體對於主管機關疏於執行關於空氣汙染、水汙染、土壤及地下水汙染、海洋汙染等法令職務行為時，得以主管機關為被告直接向行政法院提起訴訟，請求判權執行。

金融消費者保護措施

　　為保障證券投資人及期貨交易人的權益，特設立財團法人證券投資人及期貨交易人保護中心，對於因為同一個原因造成多數證券投資人或期貨交益受損害的證券、期貨事件，有三十人以上授權，就提供仲裁或提起訴訟，目前已實施一段時間，先後提起多件訴訟，也讓被檢察官提起公訴的被告飽受壓力。

　　新三讀通過一法律「金融消費者保護法」。現今對於金融消費產生糾紛，越來越重視，因金融海嘯讓許多消費者投資損失慘重，又求助無門，且現今一般大眾購買金融服務業所提供之金融商品及服務，日益普遍，易產生糾紛，因之，金融消費者保護法規定金管會旗下成立爭議處理機構，保障弱勢消費者權益，並協助解決金融消費爭端。

被告自力救濟，了解法律寬典

　　當被告的人也可以自力救濟，尤其現在講求寬嚴並進的刑事政策，「輕罪輕罰、重罪重罰」，要是不小心犯了罪，可以請求從輕量刑、酌減刑責，特別是遇到過失犯罪、偶發犯罪或少年犯罪，檢察官依情節也有權力做不起訴處分或緩起訴處分，被告可以要求繳納緩起訴公益金或義務勞務，不必因此入監服刑。

　　就曾有一個品學兼優的好學生因為維持班上秩序，和流氓同學起了肢體衝突，結果流氓同學傷重身亡，本來最少要擔十年的刑責，在該同學家長同意下，法官（依刑法第59條規定）將刑期

減為五年。這些在刑法、刑事訴訟法中明定的法律寬典，是犯罪者的珍寶。

平常時候，我們透過閱讀、上網、請教別人、向專家諮商，多充實法律知識、了解法律規範，就不會有「書到用時方恨少」之感。

法學櫥窗　**義務勞務**

被告所犯不是重罪時，檢察官得以緩起訴處分，命被告從事四十小時至二百四十小時的義務勞務，等於去做公益活動或公共事務，不必去監獄坐牢。

法律對義務勞務的內容與實施方式，沒有硬性規定，法務部也未做嚴格規定，由各地檢署依當地風土人情、社會需求、社區環境、被告特性等，決定從事公益事務的內容。目前，大致從事下列公共事務：學校環境整理、社區環境衛生、協助弱勢團體打點其生活起居（老人服務、殘障協助、陪孤單老人打牌……）、文書處理、公共設施維護、街道清掃、 整理圖書館書籍、學校教室油漆、淨灘、淨山、資源回收、犯罪預防宣導、生態保育、社區綠化、社區慶典活動協

助……等。

　2002年實施義務勞務制度以來，很多機關、機構、社區、公益社團都逐漸重視它的功能，也體會它的好處，目前已有很多社團、社區主動向地檢署聯繫，希望地檢署指定義務勞務之被告到他們機構服務，讓被告有自新機會，也藉機表現回饋社會的心意。

1.智慧財產法院組織法第3條

2.民事訴訟法第41條

3.民事訴訟法第44條～第44條之3

4.民事訴訟法第53條

5.民事訴訟法第56條之1

6.消費者保護法第49、50條

7.刑事訴訟法第253條之1、2

8.刑事訴訟法第487條

9.水汙染防治法第72條

10.土壤及地下水汙染整治法第54條

11.海洋汙染防制法第59條

12.證券投資人及期貨交易人保護法第28條

13.金融消費者保護法

一起偷東西，
獨樂樂不如眾樂樂？

53

　　有人想偷蜂蜜，居然直接搬走一、二十個蜂箱，草草率率的偷法，導致好幾萬隻「出門在外」的蜜蜂找不到家，變成「流浪蜂」再也回不來了，讓養蜂的主人簡直氣炸了。大家好奇，這樣算是只偷走蜂箱，還是連幾萬隻蜜蜂也要一併「算帳」呢？實在有趣。

偷竊物品無奇不有，勿以惡小而為之

　　我所知的偷竊案例，當事人所偷的東西也是五花八門，可說是無所不偷。如偷女性內衣褲、車內音響、盆栽、水果、機車鑰匙（讓車主無法騎走），還有偷神像、偷公仔、偷藥物等。

　　有一對兄弟互有心結，弟弟為了讓他的大哥家道沒落，所以到墓地去偷已故母親的右手臂殘骸；無獨有偶，也有人為了讓弟弟的生意變差，也挖墓偷去已故父親的左腳掌；這些鬼鬼祟祟的

偷法跟風水、命運有關,但結果如何,不得而知。

之前有一名演藝人員家中失竊,結果只有電腦被偷,其他東西都沒有被偷,外人覺得小偷莫名其妙,當事人則擔心電腦內資料外洩,心裡很著急。

另有識貨的人知道古老建築物的設計圖十分有價值,只是一般人不會特別注意或保管,所以專偷日據時代的辦公廳舍設計圖手稿,也曾聽說有人偷古蹟的建築圖;報紙曾報導有學生專偷老教堂的手稿……,這些傢伙都是順順利利地偷到東西,再轉手賣出,報酬很高。

關於偷東西的行為,量刑如何?其實法官會根據犯案的目的、手段、所得利益和對方的損害來判斷(刑法第57條),惡意的判較重,反之較輕。就像有位節儉成性的工程師常回母校洗澡,等於是偷水偷電,雖然行為不足取,但情節不重。

當然,只要是別人的東西,不分價值輕重,不分大小,都不能偷。有謂:「勿以善小而不為,勿以惡小而為之。」

結夥竊盜分散責任?法律從重判刑

另外,有人以為,做壞事的時候成群結隊,人多勢眾,大家可以分擔責任,所以責任較輕,但刑法上這叫做「結夥竊盜」,只要三個人以上就算數,而且刑度很重,最輕六個月,最重可以判到五年。

我辦過一案,住在鄉下的鄰居結伴去偷捉別人家魚池裡的虱

目魚，當我問他們是不是分開偷，他們居然異口同聲說是一起捉魚，還要一起分享，讓我想要從輕判刑也沒辦法。

順便一提，結夥三人以上搶奪或強盜，因人多勢眾、危害性大，法定刑很重，最重刑分為一年以上七年以下徒刑，及七年以上徒刑（刑法第326、330條）。

一般的竊盜，可以判拘役也可以判罰金。如判決六個月以下徒刑者，還可以易科罰金或改服社會勞動。特殊情節、惡性重大的案子，例如結夥、夜間侵入住宅、爬門越窗，或攜帶危險的凶器（刀、棍、鐵器），法律規定最輕都判六個月，原因是對被害人生命、身體、住宅等安全的危險性較大，特別從重處罰。

隨手帶回紀念品，觸法而不自知

許多人到郊外遊玩，喜歡順手帶回當地的石頭、貝殼、花草做紀念，有時候也可能違法。

舉例說，有人到山中的公有林地裡，看到原生樹種，很想挖回去當盆栽，看到野生的百香果、菇類，也摘回去吃，誤以為不是私人的就沒關係，可以自由享用，所以就大大方方的「偷」。

其實，這些東西都屬於森林的主、副產物，森林法明確規定，無依法登記為公有或私有外，一概屬於國有，一般人無權任意砍伐摘取，否則會被認為是竊盜。森林法的罪都很重，要判六個月到五年，雖然情節看來輕微，但辦案人員也往往愛莫能助。

也提醒大家，為了避免小偷進入家園，除了期待警察巡邏、

鄰居守望相助外，一般人可以自力救濟，例如在圍牆上裝碎玻璃、鐵絲網等阻礙外人入侵的設施，但是不能矯枉過正，例如將鐵絲網通電，讓小偷斃命，就逾越了正當防衛的必要性。

法律基地

1.刑法第57條

2.刑法第320條

3.刑法第321條

4.刑法第326條

5.刑法第330條

6.森林法第3條

7.森林法第50條

8.森林法第52條

犯罪故事，無奇不有

54

網路上，什麼都賣，什麼都不奇怪；法院裡，什麼都告，什麼都不奇怪。社會在變動，人與人的關係也在快速轉變中，司法中千奇百怪的事例越來越多，也是眾生相的表現。

生活小錯誤，可是犯罪行為

曾有個男生半夜站在暗處打電話，身體部分被牆擋住，剛好有婦人打完麻將，走出門時只看到他的頭，嚇得全身發抖，隔天花350元就醫，法院判男子要賠5萬元精神賠償金。

還有一件「無厘頭」的打劫案，有男子想要勒索住在樓下的單親媽媽，沒想到她竟然歇斯底里，大吼大叫：「我沒錢，你還搶我！」男子被婦人的「轟天雷」嚇到，當場跪下救饒，還吃上強盜未遂官司。

有老婦養了一對巴哥鳥，被偷走，後來有人幫忙找到，遭到

嫌疑人否認，老婦親自上門指認，巴哥竟然如老婦所說，見了她就「阿嬤」、「阿嬤」喊個不停，變成對方犯下竊盜罪的鐵證。

近年便利超商的集點活動盛行，有對感情不睦的母女，因女兒不滿母親在未告知的情況下，擅自拿走她四張超商點數貼紙，就告母親竊盜，警察勸和，反而被指吃案，讓警察很悶，只能順她的意依法處理。

現代都會區有很多公寓，樓上樓下的互動好壞，有時會成為鄰里的話題。例如樓上有年輕人常把臭襪子或臭鞋子放在門口，樓下的老翁飽受臭氣困擾，乾脆把它們丟入垃圾筒，結果被監視器錄下，吃上毀損官司。有人不滿鄰居養的狗亂叫，常趁主人不在時，百般作弄凌虐，嚇得狗狗得憂鬱症死亡，主人無意中察覺，控訴虐待動物致死罪。

還有一名業務員領到公司獎金後，用分期付款方式買了一台新車，為了停車方便，在自家隔壁的公有空地搭起簡單的遮雨棚，但被里長看到，認為這不是私人土地，就控告業務員竊占。

有大陸妹嫁給台灣男，等領到身分證時，開始要求老公每次行房都要付錢，而且為了便於收帳，還記下時間和金額，有次老公火大就揍她，被告傷害。有人懷疑太太有男友，在太太臉上用刀刻劃「賤」字，也有人夫在妻子大腿左右刺上「專用」，均成立傷害罪。

大家聽過「勿以惡小而為之」，不要因為小事就覺得無所謂，常有因小失大的可能。例如，一名婦女不過是偷摘了路邊的

波斯菊，竟因此被戴上腳鐐手銬，最後以2元和解，市公所才不再追究；某甲在咖啡廳裡發現桌上有5元硬幣，隨手放入口袋，失主立刻回頭尋找，某甲雖然當場還錢並道歉，失主還是提告侵占罪，被判罰金1,000元。

與人互動謹言慎行，得饒人處且饒人

千奇百怪的案件，在警局、法院、檢察署天天上演。現代人的人際互動跟傳統時代不同，常因情緒性的原因發生衝突；有些人的包容力或同理心較薄弱，因此我們言行上要謹慎小心，避免可能會犯罪的行為，而與人應對進退，也要有風險的認識。

許多人常因小事就打官司，而且擴大事態，要求民事賠償或追究責任較重的刑事官司。古云：「訟者，凶也。」打官司勞神費時，而且，雙方在法庭攻防中，難免口出惡言或抖出隱私，平添無謂困擾，增加生活或情緒負擔。我常勸當事人能免則免，即使官司打贏了，又能得到什麼？人要看得開，才能走得遠，在適當的時機應該善了就收尾，不必多添煩心事。

此外，有些輕微的犯錯，其實當事人應該勇於面對，基於大事化小、小事化無，可以要求檢察官給予緩起訴或微罪不起訴處分，也可以在法庭上，懇求法官從輕量刑，給予緩刑機會。

法學櫥窗 緩起訴處分

　　緩起訴處分又稱緩起訴，是2002年新增加的制度，它是在刑事訴訟程序中仿照刑法緩刑的制度所設的轉向處遇。當被告受緩起訴處分後，若在該緩起訴處分中所定的緩起訴期間內未被撤銷，則緩起訴時間一到，效力等同不起訴處分，檢察官不得再就同一案件偵辦。

　　緩起訴處分對被告有利，給被告一個自新機會，不僅可免於訟累，而且可快速結案，不致留下前科紀錄。凡被告犯的不是重罪（死刑、無期徒刑、最輕本刑三年以上的罪，為重罪），檢察官認為合適，就可以緩起訴處分，可說是檢察官調節起訴案件的控制樞紐器，屬於檢察官的職權，與法院或法官完全無關，也可以説是檢察官處理案件的方式，不是處罰，也不是量刑。

　　檢察官為緩起訴處分者，得命被告於一定期間內遵守或履行下列各款事項（第253之2）：

　　（1）向被害人道歉。

　　（2）立悔過書。

　　（3）向被害人支付相當數額之財產或非財產上之損害賠償。

　　（4）向公庫或指定之公益團體、地方自治團體支付一定之金額。

（5）向指定之公益團體、地方自治團體或社區提供四十小時以上，二百四十小時以下之義務勞務。

（6）完成戒癮治療、精神治療、心理輔導或其他適當之處遇措施。

（7）保護被害人安全之必要命令。

（8）預防再犯所為之必要命令。

檢察官在對被告命令第三至第六種處分時，必須經被告之同意，觀察八種條件，如認真思考，可以採取對被害人有利的措施，如道歉、賠錢、戒治、禁止靠近、騷擾、命令被告定期報到等。被害人對於檢察官的不起訴處分，可以在七日內聲請再議。

 法學櫥窗 **緩刑**

緩刑是指被告受刑的宣告時，認為暫時不執行（坐牢）比較適當，由法官宣告一定期間內（二年至五年）暫緩執行的制度，它的目的在於鼓勵被告改過自新，如果他在緩刑期間沒有再犯罪，刑罰就失去效力，等於沒有犯罪。

要符合緩刑的條件，必須具備下列兩者情形之一：（一）未曾故意犯過有期徒刑以上之罪；（二）曾故意犯罪，而五年內未曾故意犯罪。

一般而言，被告犯重罪，不太容易被判緩刑，必須是判處

二年以下徒刑、拘役或罰金的刑度；成年犯二年以下，少年犯放寬為三年以下。

以前判緩刑，最多是要接受觀護人監督保護管束，後來刑法修正時，增訂：法院為緩刑被告，得斟酌情形，命犯罪行為人遵守如同緩起訴處分的八種行為。（詳見上述緩起訴處分說明）

馬路怎樣走，
交通規則說分明

55

發生車禍，誰有過失，看交通規範就知道，例如：道路交通管理處罰條例、道路交通安全規則、高速公路及快速公路交通管制規則，只要仔細研讀，就會發現一般人其實平常都沒有遵守規定，所以車禍一發生，雙方幾乎「註定」都有過失責任。

疏忽交通規則，事故發生難辭其咎

依我多年司法實務工作的經驗，一般人最見的疏忽情況包括：行經狹路、彎道、路口沒有減速慢行，做隨時可以煞停的準備，所以說，如果是在路口相撞，不管開得快或慢，大概雙方都有責任。

以及，沒有和前車保持可以煞停的安全距離；左右彎道沒有在30公尺以外亮燈或比手勢，轉彎時才順便打方向燈；行經彎道、坡路、狹路或狹橋沒有減速慢行；沒有注意車前狀況，該煞

車了還不煞車⋯⋯等。

行駛間保持安全距離，按鳴喇叭有規定

汽車在道路上行駛時，後車必須與前車保持安全距離，用車身來算，假如車速60公里，約要保持六個車身，時速若是70或80公里，約保持七到八個車身，以便可隨時煞停；如果距離不足，後車撞前車大致就有過錯。

曾有後車追撞前車，要求前車賠償，前車車主也承認自己沒有開快點以致被撞上，願賠償車損，後車駕駛人竟然還嫌少，因此發生衝突，持拐杖鎖將前車司機打到腦震盪，前車司機真是沒錯還挨打。

按鳴喇叭，也有規定，除非是行進急彎、上坡到頂端視距不良，或欲超車前而有緊急或危險情況，否則不得按喇叭。曾有一人行經產業道路，見前面老人的機車慢吞吞，按喇叭示警，老人心慌，彎彎曲曲地行走，於是再猛按喇叭三聲，老人慌亂中掉進路旁圳溝溺斃，被依過失致死罪判刑確定。

變換車道及超車限制

又，行進中不能隨意變換車道，變換時，要讓直行車先行，在山路交會時，靠山壁車要讓外緣車優先通過，下坡車應讓上坡車先行駛過，在單車道的橋梁及隧道不得交會。

超車也有限制規定，例如彎道、陡坡、平交道、學校、醫

院等。常見汽車行經行人穿越道時，不僅違規亂按喇叭示警要路人讓路，還不讓行人先行通過。此外使用燈光、讓車、迴車、倒車、臨時停車也有完整規定。想要開車，記得先好好了解交通安全規則。

不安全駕駛判定標準

酒後駕車後常發生車禍，刑法於是增訂第185條之3，明定服用毒品、麻醉藥品、酒類等，不能安全駕駛，仍開車者，最重可判一年徒刑。是否不安全駕駛，內政部警政署曾訂頒一份測試觀察表，列出觀察事項，由執勤警察觀察駕駛人是否有明顯異常駕車行為，例如對於號誌、指揮的反應是否很遲鈍、動作失常？現場的判斷力有沒有欠缺？駕駛的汽車員是否蛇行、彎彎曲曲、車身有沒有搖擺不定？查獲時是否能夠依直線向前、有沒有語無倫次、爛醉、昏睡等情況，以供檢察官判斷參考。

法律基地

1.道路交通管理處罰條例第43～56條

2.道路交通安全規則第89～112條

3.高速公路及快速道路交通管制規則第5～16條

4.刑法第276條

5.刑法第284條

車禍責任誰來扛？
過失判定是關鍵

56

　　車禍事故發生，常見雙方在路口或路旁爭論不休，比手畫腳，指責錯在對方，對方則怪你自己也不守交通規則。雙方各執一詞，不易判斷過失責任。

　　車禍發生後，相關人員多數不承認有過失情節，讓辦案人員很難分辨究明，如雙方各執一詞，無法從相關事證、物證研判哪一方有過失時，一般都會送去鑑定，有問題，再送覆議。

行車事故鑑定，講清楚說明白

　　所以，車禍當事人或檢察官、法官常會將案件送鑑定，關於鑑定程序有二級：先送省市各區（或國道）行車事故鑑定委員會鑑定，對於該人鑑定有異議時，可再送省市（或國道）行車事故鑑定覆議委員會覆議。不論是鑑定或覆議，要記得提供詳細的資料，參加委員會時，務必解釋清楚，最好也把對方的問題和過錯

說明白，最有說服力的莫過於將對方違反哪幾條交通法令明確指出來，以便爭取最有利的空間。

鑑定結果出爐，鑑定意見書上會依對方的過失明確記載，例如僅一方有過失，則以肇事原因表示，另一方以無肇事原因表示；雙方均有過失且過失程度相同者，以同為肇事原因表示；如雙方過失程度不同者，較重一方記載為肇事主因，較輕一方以肇事次因表示。同時，有三、四方時，類推記載。實務上如無法判定肇事原因時，會提供分析意見供參考，而不鑑定過失責任。

車禍現場圖是關鍵，務必保持肇事現場

法院審理案件或上述鑑定、覆議程序，都要依據證據認定，其中以車禍肇事現場圖最為關鍵，因此，為提出有利於己的證據，最好向交通隊、分駐所或派出所申請現場圖。交通事故當事人或家屬也可到交通隊、分駐所（派出所）閱覽相關資料（以道路交通事故調查表、現場圖及現場照片為限）。

車禍發生時，注意保持現場，不要移動位置，趕快將警示標幟牌立於後面警示，如有現場目擊者，應迅速記下姓名、電話及住居處所，如有路旁攤販、商店看見，也要留下目擊者相關資料。曾有車禍發生時，對方以「不要影響通行」或「我們都沒受傷」等理由，勸對方把車移到路邊，等警察到的時候，反而一口咬定是對方如何不守交通規則才發生車禍，讓人百口莫辯。

現在許多車子都裝有行車紀錄器，會錄下車禍發生的狀況；路

上或路口的監視器，也會錄下現場的情況；還有高速公路的監視系統，也會有行車情況，都可以做為鑑定的憑據，有需要時可以調取，送給鑑定或覆議機關參考。

現在社會中有很多好奇與熱心人士，看到有趣、奇特的場景或畫面都會拍攝下來，因此，蒐集不到現場照片，不妨透過網路Facebook、Youtube、無名小站、部落格等去徵集，可能有意想不到的收穫。另外，曾有人在車禍現場路旁樹立看板，或利用媒體徵求相片或證人，也是方法之一。

親自到場說明

有些人在鑑定或覆議時，沒有出面說明，有時會對自己不利。原因是當事人自己到場詳細說明，再配合肢體語言、動作以及模擬現場實況，較容易讓鑑定、覆議人員了解實際狀況，而且對於他方或第三人的說明有意見，可以立即當場反駁，提出有利說詞與事證，讓對方無從得逞。

總之，車禍有無過失判定，是判定法律責任的關鍵，從開始發生時就必須用正面的態度面對，提出有利事證，不論在鑑定、覆議或偵查時，都要謹慎小心，維護個人權益。

法律基地

1.車輛行車事故鑑定及覆議作業辦法第3、8條

2.車輛行車事故鑑定及覆議作業辦法第11、15條

3.刑法第14條

4.刑法第185條之3

5.刑法第276條

6.刑法第284條

法律站在你身邊：法律風險防身術

2011年8月初版　　　　　　　　　　　　　定價：新臺幣280元
2013年3月初版第四刷
有著作權・翻印必究
Printed in Taiwan.

著　　者	施	茂	林
採訪整理	徐	谷	楨
	陳	縈	菲
發行人	林	載	爵

出　版　者	聯經出版事業股份有限公司	叢書主編	鄒　恆　月
地　　　址	台北市基隆路一段180號4樓	編　　輯	王　盈　婷
編輯部地址	台北市基隆路一段180號4樓	封面設計	張　士　勇
叢書主編電話	(02)87876242轉223	內文排版	陳　巧　玲
台北聯經書房	台北市新生南路三段94號		
電　　話	(02)23620308		
台中分公司	台中市北區健行路321號1樓		
暨門市電話	(04)22371234　ext.5		
郵政劃撥帳戶	第0100559-3號		
郵撥電話	(02)23620308		
印　刷　者	文聯彩色製版印刷有限公司		
總　經　銷	聯合發行股份有限公司		
發　行　所	新北市新店區寶橋路235巷6弄6號2F		
電　　話	(02)29178022		

行政院新聞局出版事業登記證局版臺業字第0130號

國家圖書館出版品預行編目資料

法律站在你身邊：法律風險防身術/
施茂林著．初版．臺北市．聯經．2011年8月
（民100年）．288面．14.8×21公分
ISBN　978-957-08-3854-1（平裝）
[2013年3月初版第四刷]

1.法學教育

580.3　　　　　　　　　　　100014188